救急活動
コミュニケーションスキル

何を聞く? 何を伝える?

坂本 哲也
(帝京大学医学部救急医学講座 主任教授)

畑中 哲生
(救急救命九州研修所 教授)

松本　尚
(日本医科大学千葉北総病院救命救急センター 准教授)

序

　救急救命士をはじめとする救急隊員は，プレホスピタルの担い手です．救急現場で傷病者を観察・評価し，必要があれば処置を行います．その判断は，多くの事案では現場の救急隊員に委ねられます．しかし，重症事案では医師の判断が必要となることもあります．このような場合，医師が直接治療に当たるのが理想ですが，現実的ではありません．そこで，現場の救急隊員が医師の代わりとなって傷病者に対応するために，救急隊員には，患者の重症度・緊急度を適切に観察する「眼」や「耳」と，確実な処置を行える「手」を持つことが求められるのです．「眼」や「耳」からの情報が迅速，かつ的確でなければ，医師は正確な判断を行うことができないでしょう．「眼」，「耳」や「手」と医師をつなぐ神経系，すなわち救急隊員の情報を医師に伝達する求心路や，医師の指示，指導・助言を救急隊員に伝える遠心路は，まさにオンライン・メディカルコントロール（オンラインMC）が行

われる際の会話そのものであるといえます．メディカルコントロール（MC）の観点からいえば，救急隊の活動の質を保証すべく医師が信頼性の高い傷病者情報を手に入れることができなければ，妥当な指示，指導・助言を与えることはできないことになるのです．

　では，その傷病者情報は，医師が十分に判断・指示できる内容で収集・伝達されているでしょうか？救急隊員の知識がどれだけ豊富であっても，傷病者からの情報収集能力が劣っていれば，その知識は役に立ちません．一方で，情報の内容が不明確であっても，あるいはたとえ正確であっても伝達方法が稚拙であれば，医師は救急隊員（の情報）を信頼し，的確に指示することはできません．MCの観点からだけでなく単純な傷病者の収容依頼であっても，まったく同様です．しかし，これまでさまざまな救急救命士・救急隊員教育が行われている中で，傷病者の情報収集や伝達に的を絞ったテキストは作成されてこなかったように見受けられます．著者らはこの点に注目し，救急隊員と傷病者，救急隊員と医師の2種類のコミュニケーションについて，傷病者情報の収集と伝達のノウハウを学ぶテキストを企画しました．さらに，救急隊員と医師の間に関しては，実際の会話をシミュレーションしながら，オンラインMCにおける傷病者情報伝達の留意点を詳述しました．

　本書を手に取っている皆さんは，日ごろから傷病者や

その家族・関係者とのコミュニケーションに対して，何らかの不安など，感じていることがあるのでしょう．

行岡 哲男先生（東京医科大学救急医学講座 主任教授）は，第16回全国救急隊員シンポジウムの教育講演「救急現場における接遇」において，次のように講演されていました．

> 救急隊員にとって救急事案は，日常性を持った毎日の業務である一方，傷病者にとっては一生に一度かもしれない非日常性を持った出来事である．この相違の中で相互の信頼関係を短時間で成立させるために「接遇」が意味を持つのである．救急隊員が傷病者に対して，「この対応でよい」という「プロ」としての実感を持つことができれば，自ずと接遇に対するモチベーションも保たれる．この「プロ」としての実感を支えるのは，自らの業務に「誇り」を持つことと，「恥」を知ることである．

この「誇り」の基準や「恥」の基準は，個々の救急隊員によってまちまちであるかもしれませんが，もし，誇りばかりが高く恥を知らなければ，その救急隊員のレベルは大したことがないでしょう．結果として，「この対応でよい」と思っても，他者からはそう評価されないはずです．逆であれば，高いレベルの活動をして初めて「この対応でよい」と考えますから，第三者からは高い評価を受けるに違いありません．傷病者への接遇だけでなく，救急隊員が，医師へ病態を報告する場合もまた，「この

対応（報告）でよい」という「プロ」としての実感を持って行われるべきだと思います．

　本書では，あくまで著者らがよいであろうと考えている例を示したに過ぎません．救急活動でのコミュニケーション方法に正解はありません．聴取しなければならないポイントと伝えなければならないポイントを本書内にわかりやすく示していますが，もっとも大切なのは話し方ではなく，話すために必要な情報は何かを理解することなのです．ですから，本書に掲載された事案の会話のままを，必ずそのとおりに行わなければならないということではありません．しかし，その内容は多くの救急隊員や医師に受け入れていただけるものであろうと思っています．ケーススタディでは，症状や状況ごとに例を提示していますが，それぞれの解説の内容はすべてに共通するものです．また，例は良し悪しを明確にするために極端な表現になっている箇所もあろうかと思われます．日ごろ研鑽を積んでいる救急隊員諸氏にあってはいささか不愉快な部分もあるかもしれませんが，是非，著者らの意図を汲み取っていただき，本書が今後のよりよい現場活動の一助となることを希望してやみません．

2009年5月

坂本 哲也，畑中 哲生，松本　尚

Contents

序　　3

1. メディカルコントロール
- 1-1　メディカルコントロールとは　10
- 1-2　オンライン・メディカルコントロールとは　12

2. 救急現場でのコミュニケーション
- 2-1　救急現場での情報収集について　16
  - 1）救急現場の基本的な流れ　16
  - 2）観察すべきポイント　26
- 2-2　傷病者や家族から情報を聴取する
  　―特殊な状況における情報収集―　47
  - 1）高齢者への対応　47
  - 2）幼児・学童への対応　58
- 2-3　ケーススタディ
  　―高齢者，小児，意識はあるが
  　　表現ができない傷病者の場合―　63
  - 1）高齢者　64
  - 2）小児　68
  - 3）意識はあるが表現ができない傷病者　72

3. 救急隊員として伝えなければならないこと
- 3-1　聴取した情報をどう伝えるか　78
  - 1）情報の持つ意味　78
  - 2）情報伝達の制限　80
  - 3）情報伝達の基本的事項　84
- 3-2　医療機関は聴取した情報や状況の
  　　何を知りたいのか　90
  - 1）情報を伝える相手はどのような
  　　情報を聞きたいのか　90
  - 2）医師は何を考えながら救急隊員の
  　　情報を聞いているのか　93

3-3 ケーススタディ
―救急隊員と医師のオンラインでの会話― 99
- 1) 胸痛 100
- 2) 頭痛 106
- 3) 呼吸困難 112
- 4) 意識障害 116
- 5) 腹痛 122
- 6) 小児（痙れん） 128
- 7) 薬物中毒 132
- 8) 外傷 138
- 9) 多数傷病者発生事案 144
- 10) 医師現場派遣要請／ドクターヘリ要請 152
- 11) 心肺停止　1 158
- 12) 心肺停止　2 162

用語解説
- SAMPLE, GUMBA 25
- 傷病者などに誤解を生じかねない用語 76
- MIST 89
- 聞き間違いやすい医学用語 91
- AIUEO-TIPS 121

Column　注意！実際の事案から
1. 時刻の表現方法 105
2. 若年女性の下腹部痛 111
3. 精神疾患の有無 137
4. 女性との接し方 143
5. 高齢者の対応 151
6. 傷病者の主訴の追加 157

1

メディカルコントロール

1 ▶ 1
メディカルコントロールとは

　メディカルコントロール（MC）とは何でしょうか？わが国では，救急現場から医療機関へ搬送中に，救急隊員は応急処置を，救急救命士は救急救命処置を実施することになっています．医師が救急隊員や救急救命士を教育し，指示や指導・助言を与え，結果を検証することによって，それらの医行為の質を保証することをMCと言います．

　わが国では1948年の消防法改正により，傷病者を医療機関へ搬送する救急業務が消防機関による業務の一部に正式に加わりました．その後，搬送だけでなく医療機関までの応急処置も救急業務に含まれるようになり，1978年に「意識，呼吸，循環の障害に対する処置の一部として気道確保，人工呼吸，胸骨圧迫心臓マッサージ，酸素吸入」が明記されました．1991年には喉頭鏡と鉗子による気道異物除去，経鼻エアウェイ，自動式心マッサージ器の使用なども追加されました．これらは当初，緊急やむを得ないもの（緊急避難的行為）と位置づけられてきましたが，現在は，医師による手術や消防隊員による消火活動のための建造物破壊と同様に，救急隊員による正当業務行為として刑

法上の違法性が阻却されると解釈されています.

1991年制定の救急救命士法により,救急救命士は医療補助職種と定義され,医師の指示のもとで,業務として救急救命処置を行うことになりました.救急救命士制度は医師の関与が不十分なままスタートしましたが,業務が包括的除細動,気管挿管,薬剤投与など,より専門的な医行為に踏み込んでいくにつれて,医師の役割が不可欠になってきました.その結果,MC体制の必要性が遅ればせながら認識されるようになりました.つまり,救急救命士は医師の指示のもとで救急現場における医行為を医師に代わって実施しているのです.

同様に,救急救命士による救急救命処置だけでなく,救急隊員による応急処置もMC体制のもとで,その質が保証されるべきであると考えられるようになりました.最近では,症状や病態に応じた医療機関の決定などの搬送業務にもMC体制が不可欠であると考えられるようになってきました.

MC協議会の役割は,処置にかかわる1)指示,指導・助言,2)プロトコル策定,3)事後検証,4)教育・研修の4項目が中心であるとされてきました.しかし,2009年に消防法が改正され,消防・医療連携による協議会で傷病者の搬送および受け入れの実施基準に関する協議や実施に関する連絡調整を行うことが都道府県に義務づけられ,MC協議会はここでも中心的役割を果たすことが期待されています.

1 ▶ 2
オンライン・メディカルコントロールとは

　医師の指示には，事前にプロトコルが提示されていて，現場ではそのプロトコルから外れない限りそれに従っていればよいものと，傷病者についての情報を逐一，医師に報告しながら，個別に具体的指示を得なければならないものとがあります．前者は，包括的指示とも言われ，心肺蘇生やAEDによる除細動など緊急性が極めて高く，副作用や合併症の危険よりも実施することの効果が遥かに大きい時に適用されます．一方，後者は，気管挿管や薬剤投与など，より難しく時間がかかり，副作用や合併症の危険があるため，実施の是非が単純には決められない場合に適用されます．これが，オンライン・メディカルコントロール（オンラインMC）の代表的な例です．これに対して，プロトコル策定，事後検証，教育・研修などはオフライン・メディカルコントール（オフラインMC）と言われます．

　オンラインMCは，心肺停止傷病者に対する特定行為の実施に必要な指示だけではありません．実は，心肺停止（Cardiopulmonary arrest；CPA）以外の傷病者に対する時のほうが，もっと重要になります．特定行為の際には時間は最小限しかありませんが，例

えば，バイタルサインの安定している胸痛の傷病者に対する搬送先選定についてであれば，傷病者の情報を十分に伝えた上で相談することにより，適切な指導・助言を得ることができるからです．

　適切なオンラインMCのためには，医師が判断するために過不足のない情報を提供することがもっとも重要です．そのために第一に必要なことは，医師が見たいこと，聞きたいことを予測して，その情報を得ておくことです．どんなに話し方が上手でも，知らないことを伝えることは決してできません．第二に必要なことは，情報を的確に伝達することです．何を話したかではなく，何が伝わったのかが問題になるのです．

　傷病者の情報に加えて大事なのは，何についての判断を求めているのかを医師が明確にわかるようにすることです．医師が現場の状況を思い浮かべることができるようにした上で，例えば「気管挿管したほうがよいか？」，「循環器センターに搬送したほうがよいか？」などと具体的に相談することが大事です．「何をしたらよいでしょう？」では，電話の向こうの医師も指導・助言のしようがありません．

　医師の指示，指導・助言を受ける際にも，ただ聞きっぱなしでは困ります．これらが正確に伝わったのかどうかわからないと医師の責任が果たせませんし，次の指示，指導・助言も出せません．復唱や確認によって，どのように受け取ったのかを伝えることが必要です．

このように，オンラインMCは，医師の代わりに現場で処置を行う救急隊員の基本となりますが，そのためにはコミュニケーション技法が必須のスキルとなるのです．

2

救急現場での
コミュニケーション

2 ▶ 1
救急現場での情報収集について

1）救急現場の基本的な流れ

　救急現場の基本的な流れを図1に示します．もっとも，この流れはあくまでも「基本的なもの」に過ぎません．実際の現場では，状況に応じてこれらの要素が重なったり，あるいは順番が前後したりすることもあります．救急隊員はこのような流れの中で，必要な情報を収集しつつ，その情報に基づいて，さらに必要な情報とは何かを判断しなければなりません．

①状況評価
　状況評価の段階では，外傷者のための現場の安全確保，負傷者の総数，受傷機転などが有用ですが，これ以外にも状況によっては次に挙げる情報が役に立つでしょう．

救急車停車位置の周辺状況
　現場から病院などへ向かう場合の退出経路，あるいは応援隊を要請する場合には応援隊の進入経路を把握しておくことが大切です．応援隊が多数になることが予測される場合には，進入および退出経路はスムーズ

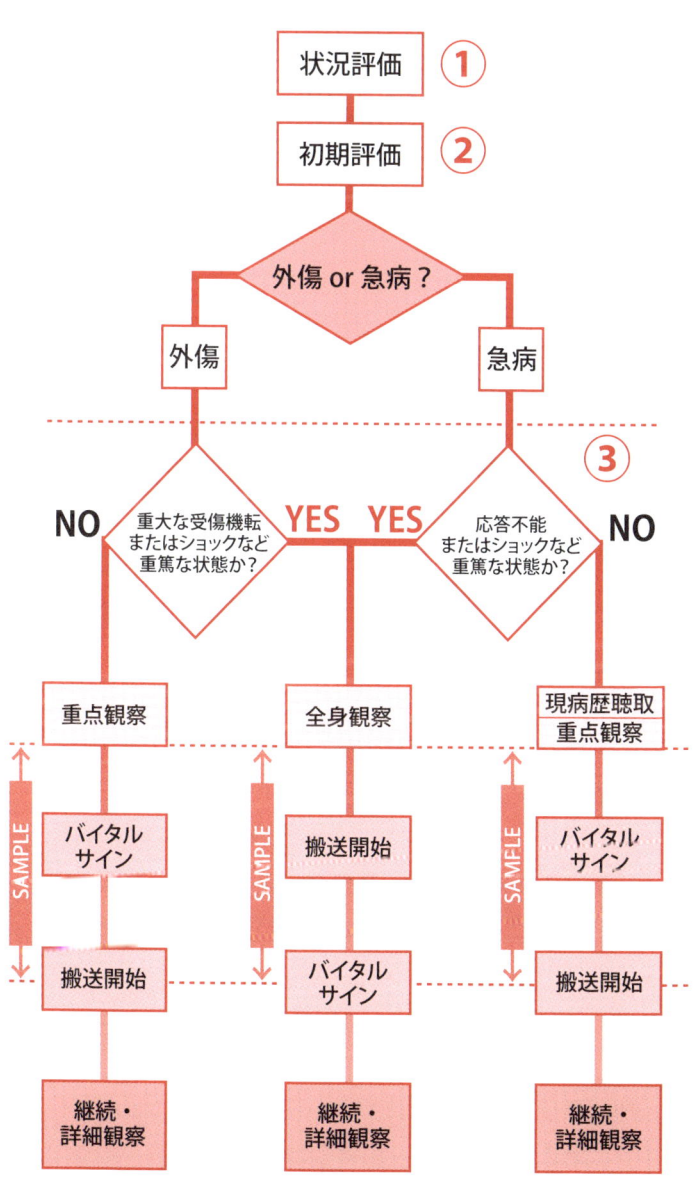

【図1】 救急現場の基本的な流れ

に搬送するため，一方通行にすることが望ましいでしょう．応援隊を要請する際にはこの情報や指示が大変有用になります．

救急車から現場までの経路

傷病者を搬出する際には，予測できる搬送障害や必要時間などを大まかに把握しておくことが大切です．例えば屋内の高層階で発生した急病の場合，エレベーターは使用可能か，階段はストレッチャーが使用できる十分な幅か，通路に搬送の障害となるような放置物はないか，などをわかる範囲で把握しておきましょう．これらは，「現場でどこまでの処置をするべきか」を判断する際に重要な情報となります．

現場の状況

外傷現場では事故の発生状況に関連する情報を収集するのは当然ですが，急病者の場合でも，傷病者の周囲の様子，例えば，室内に不審な薬物や中毒物質が置かれている，部屋が非常に乱雑である，傷病者の顔や体に暴力の形跡がある，家族がいるはずなのに顔を出さない，などに対して，できるだけ敏感に状況を把握することを心がけるようにしましょう．

②初期評価

初期評価は，傷病者に接触して挨拶を交わす前からすでに始まっています．傷病者の姿勢（体位），開眼の有無，努力性呼吸の有無，呼吸数，顔色などを観察することによって，ショックなど重篤な状態に陥ってい

るかをある程度見極めることができます．教科書的には意識→気道→呼吸→循環の順に観察・評価することになっていますが，これはあくまでも記憶の便宜を考慮しているに過ぎません．観察・評価すべき項目については，「2）観察すべきポイント」を参照してください．

③重点観察と全身観察

　初期評価でショックなど重篤な状態が認められた場合とそうでない場合とでは，その後の対応，特に情報収集の方法が大きく異なります．

■ 重点観察：重大な受傷機転，応答不能，ショックなど重篤な状態が認められない場合

　傷病者にショックなど重篤な状態が認められず，ある程度の時間的余裕があると判断した場合には，詳細な情報を現場で収集することによって，隠れた病態を見出したり，あるいはより適切な搬送先を選定することも可能となります．

　どのような情報が必要かについては，基本的にはメディカルコントロール（MC）協議会が定めたプロトコルおよび救急隊による現場判断に任せられています．MCを通じて医師の助言を仰ぐこともあるでしょう．ショックなど重篤な状態が認められない，軽症の傷病者においては，現場でのより詳細な情報収集が傷病者のその後の治療過程や回復状況を左右することもあります（詳細は「2）観察すべきポイント」を参照のこと）．
　「観察すべきポイント」が何かを理解していることと，

そのポイントについての情報をスムーズに引き出すことができるかとは別物です．情報を上手に引き出すにはそれなりのテクニック，すなわちコミュニケーション技法が必要となります．その詳細は他の成書に譲るとして，ここではその主なもののみを取り上げます．

　ただし，次に挙げるものはあくまでも「単なるコツ」であり，本当に重要なのは「何を知る必要があるのか」ということ，すなわち病態に関する本質的な理解なのです．病態に対する理解がなければ，次に示すコツは何の役にも立ちません．

挨拶をする
　どのような場面でのコミュニケーションにせよ，挨拶は基本中の基本です．名前の他に，所属，資格（救急救命士など）あるいは救急隊の責任者（救急隊長）であることなどを付け加えて簡単に挨拶をしましょう．救急車を呼ぶような状況なため，通常の挨拶とは異なる点も多いでしょう．その時々の状況に応じて，ごく簡単にするなどの工夫も必要です．

名前で呼びかける
　傷病者の氏名を確認し，その後は原則として名前で呼びかけるべきです．「おじいちゃん」，「おっちゃん」などは言語道断です．この点も含め，いわゆる「タメぐち」を，親しみを込める手段として使用する救急隊員も少なくありません．乱暴な気持ちからの言葉ではないと思われますが，相手側の救急隊員への不快感な

どのリスクは高くなります．長年の付き合いの中で信頼関係が構築されたような関係であれば，このような言葉遣いはたしかに親しみを表す手段として有効です．しかし，救急対応のように初対面のことがほとんどの状況においては，通常の丁寧語で話しかけるべきです．

　また，呼びかける相手は傷病者自身とするのが大原則です．この原則は，傷病者が失語症や意識障害を来している場合も同様です．軽度の意識障害や構語障害がある傷病者の場合には，つい，家族などの関係者のみに話しかけてしまいがちです．極端な場合には救急隊員と家族との間だけで会話が進み，傷病者本人が完全に蚊帳の外に置かれてしまうこともあります．これでは傷病者は自分が疎外されている，自分が「相手にしてもしょうがない人間であると思われている」と感じてしまいます．発語が困難な傷病者に無理強いすべきではありませんが，話しかけはあくまでも傷病者に対して行うのが基本です．情報を家族などの関係者から得る場合でも，説明や質問はあくまでも傷病者に対してのものであるとの姿勢をとるようにするほうがよいでしょう．救急隊員からの話しかけは，そばにいる家族や関係者の耳にも自然に入りますので，傷病者が困っていれば，家族や関係者が傷病者に代わって答えてくれるはずです．

わかりやすい用語を使う

　傷病者や家族との会話は，できるだけ日常的な用語を使いましょう．専門用語を多用することは，傷病者

にとってわかりづらいだけでなく，救急隊への信頼を損ねることにもなりかねません．「既往歴」,「処方薬」,「三次医療機関」などは,「今までにかかった病気」,「病院でもらっている薬」,「救急専門の総合病院」などの言葉に置き換えて，傷病者や家族が答えやすくなるよう配慮することが大切です．

共感的態度を示す

　救急隊員は，傷病者および家族が置かれている現在の状況に共感的な態度で臨むことが重要です．「さぞびっくりしたことでしょうね」,「それはとても辛いですね」などの声かけは，救急隊と傷病者との心理的距離を縮める働きがあります．逆に，現在の状況に至った経緯として，「病院でもらった薬の服用を怠った」,「シートベルトを装着していなかった」などの状況に対して批判的に対応することは戒めるべきです．

■ 全身観察：重大な受傷機転，応答不能，ショックなど重篤な状態が認められる場合

　傷病者がショックなど重篤な状態を呈しているような場合には，救急車への収容を開始せず現場にとどまってまで収集すべき情報は少ないといえます．外傷者の場合でも急病者の場合でも，いわゆる「外傷の全身観察」以外に必要なのは，主訴とその他の情報のみです．

　「ショックなど重篤な状態にあること」と「全身観察で発見した重要な所見」とは，ファーストコールの際に医師に連絡すべき要点となります．「SAMPLE」,

「GUMBA」(用語解説p.25)などの周辺情報も余裕があれば聴取するべきですが，そのことによって傷病者の搬送開始が遅れるようなことがあってはなりません．

主訴の聴取や全身観察は，極めて短時間に完了しなければなりません．この場合，いわゆる「コミュニケーション技法」に従って，のんびりと情報を収集している余裕はなく，またそうするべきでもありません．最低限の礼儀を保つなど，コミュニケーションをできるだけ良好に維持する努力は望ましいにしても，時間的制限はこれより遥かに重要度が高いのです．

質問は必ずしも「相手目線で」，「相手の目を見ながら」行う必要はありません．質問内容は重要と思われる事項に絞って直接的質問法（「肩や首が痺れたり痛んだりしませんか？」など「はい」，「いいえ」で返答できるような質問形式）を多用するのがよいでしょう．

ショックなど重篤な状態を呈する傷病者の場合には，その時間的制限のために通常のコミュニケーション技法に従うことが困難であり，傷病者とのコミュニケーションにおいて多少の不快感や軋轢が生じることを完全に避けることは難しいといえます．

このような状況下で傷病者や家族との間に生じるコミュニケーション上の問題を解決する最大のポイントは，救急隊の活動態度です．救急隊の迫力といってもよいかもしれません．3人（またはそれ以上）の救急隊員が，隊長の指示に従って統制のとれた活動を（迫

力を持って）展開することは，どのようなコミュニケーション技法にも勝る武器といえます．

このような状況で傷病者のために最優先すべきことは，傷病者を最小限の時間で病院に搬送し収容すること，また，その搬送中に最低限の処置（止血，酸素投与や補助呼吸など）を行うことだということを救急隊全員が態度で示せば，多くの傷病者や家族は，その態度に安心感を得ることができ，コミュニケーション上の問題の多くも解決するはずです．

ただし，ショックなど重篤な状態を呈する傷病者にとって，全身観察以外の詳細な情報が不必要というわけでは決してありません．傷病者を救急車へ収容して現場を出発，病院への搬送中には，必要な処置を継続しつつ，重要度が高いと思われる所見や情報に的を絞って情報を収集する努力が必要です．

用語解説 ▶ SAMPLE，GUMBA

SAMPLE

- S ： 徴候と症状　　（Sign and Symptoms）
- A ： アレルギー　　（Allergies）
- M ： 服用薬　　　　（Medications）
- P ： 既往歴　　　　（Past history）
- L ： 最終飲食時刻　（Last oral intake）
- E ： 外傷や疾患のきっかけとなった出来事
  　　　　　　　　（Events leading to the injury or illness）

GUMBA

- G ： 原因
- U ： 訴え
- M ： 最終飲食時刻（めし）
- B ： 病気，薬
- A ： アレルギー

2）観察すべきポイント

　救急現場での観察と評価は，原則として初期評価→重点観察・全身観察などの順に進めていきます．それらのどの段階で行うにせよ，観察・評価すべき項目には，ほとんどの傷病者に共通して必要なものもあれば，傷病者によって必要性が異なるものもあります．ある傷病者にとっては，何かの項目について異常所見が「ある」ことが重要ですが，別の傷病者にとっては，その同じ項目について異常所見が「ない」ことが重要になるかもしれません．異常所見の中には，別の異常所見と組み合わさって初めて大きな意味を持つものもあります．したがって，どの項目が特に重要で，どの項目があまり重要でないかは，観察と評価を進める中で病態をある程度見極めながら判断していかなければなりません．

　ここでは，観察すべき項目のうち多くの傷病者に共通して重要なものとして，「主訴と現病歴」，「意識・呼吸・循環に関する情報」の2点について検討します．これ以外にも，個々の疾患に応じて必要となる特殊な項目もありますが，これについては他の成書を参照してください．

主訴と現病歴

　主訴とは傷病者のもっとも主要な訴えです．「体がだるい」，「胸が痛い」，「就寝中に呼吸が苦しくて目が覚めた」などさまざまですが，傷病者の病態を把握する上で非常に重要なヒントとなるものです．実際の現

場では，多くの「愁訴」，つまり傷病者が困っている事柄があって，その中のどれが「主訴」なのかに迷う場合もあります．その場合には，必ずしもどれかひとつを「主訴」だと決める必要はありません．実際，初めは主訴のようにみえた訴えが，実は単なる関連状況だったりすることもありますから．

　主訴も大切ですが，それが「いつから，どのようにして始まったのか」など，主訴およびそれに関連する「傷病者が今困っている不具合」の経過（ストーリー）も同じく大切です．これを現病歴といい，傷病者の病態を探る上で重要なヒントを与えてくれます．

　現病歴を構成する主な要素として「OPQRST」というゴロあわせがあります．英語のゴロあわせなので，ピンとこない部分もありますし，本来は主訴が痛みの場合に参考とすべきものですが，主訴が痛み以外の場合にも応用可能です．

■O（Onset）：始まり，
いつごろ，どのようにして始まったか．

　発症が急性なのか，慢性なのかを見極めるためにも重要です．例えば「急に体調が悪くなった」と傷病者が訴えた場合，この情報を「突然の体調不良」と表現する救急隊員もいるかもしれません．

　「急に」とか「突然」とは，どの程度「突然」なのでしょうか？ある人は1週間くらいかけて調子が悪く

なったことを指して「(この1週間で)急に悪くなった」と表現するかもしれません．同じことを「1週間かけて徐々に体調を崩した」と表現する人もいるでしょう．このように人によって表現はまちまちです．

「突然胸が痛くなった」場合でも，15分くらいの間に無痛の状態から現在の痛みの状態にまで一気に悪化することもあるでしょうし，朝から何となく感じていた違和感程度の痛みが昼過ぎになって，ようやく明確な痛みとして自覚されるまでになった，という場合もあるでしょう．

これらの曖昧さを避け，できるだけ客観的な情報を集めるためには，「痛みに気づいたのは何時ごろのことですか？」，「その時，何をしていたか，覚えていますか？」などの質問が有効です．数時間から数日をかけて悪化してきたような場合には，このような質問には答えることはできないでしょう．逆に，「昼ご飯の少し後だから，12時45分ごろだと思う」とか「バスが○○町のバス停を過ぎたころだったから・・・たしか，2時少し前です」などと答える場合は，仮にその時刻を誤って記憶していた場合でも，明らかに急性発症であることは断定できます．

■ P（Provocation）：増悪要因．
何か特別な状況で今の訴えがひどくなるか．

息苦しさがある場合，運動をすればそれがひどくなるのは当然です．しかし，息苦しさは，運動以外

にも姿勢や環境でひどくなったり，楽になったりすることもあります．原因がどこにあるにせよ，息苦しさ（呼吸困難）は仰臥位で強くなり，起き上がると（起坐位では）多少なりとも楽になることが多いのですが，この傾向がはっきりしている場合は，心不全や気管支喘息をはじめとした器質的疾患が隠れていることを示唆しています．逆に「苦しい，息が苦しい」と訴えながら，仰臥位のまま起き上がろうとする意欲がまったくみられない場合は，過換気症候群など心因性の反応を疑うべきです．

主訴が胸痛の場合，呼吸の動きや姿勢で強さが変化するのは，肋骨骨折，胸膜・心膜炎などを疑わせる情報です．例えば自然気胸による胸痛を疑う傷病者で「息を吸う時に，特に強い胸痛を訴える」という情報があれば，その疑いがますます強くなります．

体の特定の動きに伴って痛みが発生するような場合，あるいは，押さえると痛みが強くなる場合には，筋肉や骨など体表面あるいはその近くの痛みを示唆しています．

■Q（Quality）：性質．
どのようなタイプの痛みなのか．

痛みの性質もさまざまです．キリキリと刺すような痛み，つかまれるような痛み（絞扼痛），殴られたような痛み，ドクドクした痛み（拍動痛），焼けるような痛み（灼熱痛）など，それぞれ特有の疾患につな

がる材料となります．特に，急性冠症候群（Acute Coronary Syndrome；ACS）に伴う絞扼痛と急性クモ膜下出血（Acute subarachnoid hemorrhage；SAH）の発症時にみられる「殴られたような痛み」は有名です．

痛みの性質には，場所の情報も含まれています．同じ痛みにしても，はっきりと場所を断定できる場合とそうでない場合とがあります．一般に，内臓痛は痛みの場所を明確に特定できません．例えば胸の痛みを訴える傷病者に痛みの場所を尋ねた際に，「ここです」と指先で示した場合，傷病者が訴えているのは明らかに体性痛であり，急性冠症候群など内臓痛を主体とする疾患をほぼ否定することができます．

■ R（Radiation）：放散．
体の他の部位に広がる痛みがあるか．

急性冠症候群に伴って発生する肩や上肢，首の「放散痛」は有名です．それ以外にも腹部大動脈瘤（Abdominal Aortic Aneurysm；AAA）の破裂に伴う臀部・腰部の痛みも放散痛です．

■ S（Severity）：程度．
痛みの強さはどの程度か．

痛みの程度（強さ）は主観的な指標ですから，客観的に表現することは容易ではありません．しかし，一般には，「軽い」，「中程度」，「我慢できる程度」，「耐えがたい」，「今まで経験した中で最高の強さ」などと

表現されます．痛みの強さとして，「まったく痛くない」から「最高に痛い」までの強さを数段階に分割し，どの段階に相当するかで痛みの強さをできるだけ客観的に表現しようとする試みもあります．正確な評価は困難ですから，傷病者の表現をそのまま受け入れるのが妥当でしょう．急性冠症候群，急性クモ膜下出血，急性大動脈解離（Acute Aortic Dissection；AAD）などでは，最高ランクに近い痛みを訴えることが多いようです．

■ T（Trend）：傾向．
痛みの強さはどのように変化してきたか．

「O（Onset）：始まり」とも関連する内容ですが，「O」で始まった痛みなどの症状が，その後，どのように変化してきたかに関する情報です．

意識・呼吸・循環に関する情報

いわゆる「バイタルサイン」は，意識・呼吸・循環に関する基本情報であり，すべての傷病者にとって必須の項目です．傷病者の状態によってはバイタルサインが必要な情報のすべてです．しかし，意識・呼吸・循環に関するより詳細な情報が，病態を把握して医師に伝達する上で必要になることもあります．

■意識

特に理由もなく閉眼したままであったり，呼びかけに対して正常な反応がなかったりする場合は，意識障害があると判定できます．初期評価の段階では，Japan Coma Scale（JCS）のケタ数を把握するだけでよいでしょう．

■ 神経症状*

　何らかの意識障害がある場合は，意識レベルをJCSまたはGlasgow Coma Scale（GCS）方式で評価するだけでなく，さらに一歩進んで「神経症状があるかないか」に注意することが重要です．このような観察は，全身観察の段階で観察するのが普通ですが，状況によっては初期評価の一環として観察してもよいでしょう．

　神経症状とは脳の特定の障害に対応した症状のことを言います．脳のうち，右上肢の運動を司っている部分だけが障害を受けると（例えば脳梗塞などで），脳のその他の機能は正常なのに，右上肢だけが不自由になることがあります．これが神経症状です．つまり，「右上肢に軽い麻痺がある」など，神経症状がある場合は，脳の特定の場所が特に強く障害を受けていると推測されるわけですから，脳梗塞や脳出血を疑う根拠のひとつとなるのです．

【神経症状】

・眼位，あるいは，眼球偏位の有無
・瞳孔の左右差，対光反射の状態
・体の一部の麻痺や感覚障害
・感覚失語や運動失語

---

* 巣徴候（focal sign：瞳孔不同，四肢の一部の麻痺など，脳の部分的障害によって生じた異常）を示す用語として「神経症状」を用いた．厳密には「神経症状」という表現は好ましくない．「症状」とはあくまでも患者の主観的状況を示すもの（悪寒，呼吸困難など）であり，客観的に観察される異常に対しては「徴候」を用いるのが原則である．

神経症状がある場合は，その症状が病態の把握を理解する上で大いに役に立ちますから，その具体的所見は，医師へ報告する価値があると考えたほうがよいでしょう．

> #### 「神経症状がある」場合の報告の例
>
> 「意識レベルはJCS 2で，右方向の眼球偏位があります」
>
> 「意識レベルはほぼクリアーですが，軽度の構語障害と右上肢の麻痺があります．その他の神経症状は認められません」

　意識障害があるにもかかわらず，神経症状が認められない場合には，「神経症状がない」の一言が医師への連絡上，重要な情報となる場合があります．例えば，中毒による意識障害では，脳全体の機能が障害されるわけですから，神経症状は認められ「ない」のが普通です．つまり，中毒が疑われるような状況で「神経症状がない」という情報は，中毒の疑いをさらに強める情報として重要です．

> #### 「神経症状がない」場合の報告の例
>
> 「意識レベルはJCS 2で，明らかな神経症状は認められません」

■呼吸

　呼吸に関する情報は，救急隊員にとっておそらくもっとも重要な情報です．その最大の理由は，救急隊員が現場で行うことができる，あるいは，現場で行うべきもっとも重要な処置が呼吸管理だからです．意識状態が悪い傷病者や循環が悪い傷病者に対して，救急隊員が直接に処置できる内容は，非常に限られています．しかし，呼吸状態に関する限り，究極的には人工呼吸を行うことによって，傷病者の本来の機能を完全に肩代わりすることさえできます．それだけに，傷病者の呼吸状態について，救急隊員は非常に神経質であるべきです．

　初期評価の段階では，主に呼吸の速さや大きさを観察します．呼吸に何らかの障害がありそうだと感じた時には，さらに会話が可能か，呼気や吸気の延長があるか，などの情報が必要になりますが，これらの追加情報を含む初期評価で得られる情報の多くは，実際には，傷病者にアプローチする段階（接触する前）に評価できるという点に注意してください．ただし，「その気になれば」の話です．このようなことを意識せずに，ただ漫然と傷病者に近づいている救急隊員にとっては，「見えてはいるが，観ていない」になってしまいますから，注意してください．

体位と補助呼吸筋

　呼吸困難を訴える傷病者の場合，傷病者がどのような体位を好むかが重要です．「主訴と現病歴」の部分でも説明したように，実際に呼吸に関して何らかの障

害が発生している場合，その原因が何であれ，傷病者は仰向けに寝ていることが困難となり，「起坐位」と呼ばれる体位をとるようになります．「就寝中に苦しくて目が覚めた」という傷病者の多くは，単に目が覚めただけではなく，起き上がることによって，強い呼吸困難から無意識に逃れていることがあるのです．

　起坐位の中でも，仰向け気味の起坐位（図2A）と，うつ伏せ気味の起坐位（図2B）とでは意味が異なります．呼吸困難となる状況を大別すれば，肺（肺胞そのもの）の機能が低下したことによって呼吸が障害される場合と，肺胞は正常だが，換気が障害されたために呼吸が障害される場合とがあります．前者の場合は，どちらかというと仰向け気味の起坐位を，後者の場合は，どちらかというとうつ伏せ気味の起坐位が多いようです．

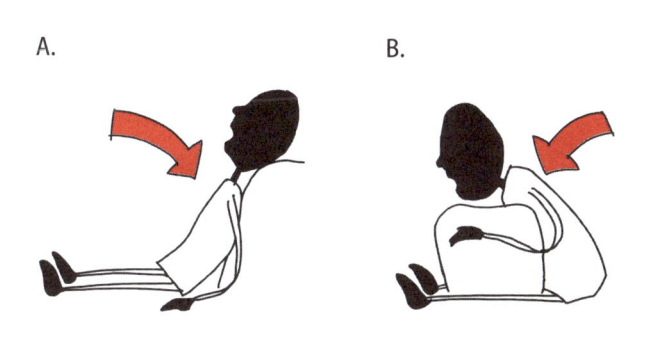

【図2】　仰向け起坐位（A）とうつ伏せ起坐位（B）

換気障害を来した傷病者がうつ伏せ気味の起坐位を好むのは，この体勢をとると，呼気を補助する働きのある腹筋を有効に利用することができるからです．腹筋のように，安静時には呼吸とは特に関係ない筋肉でありながら，呼吸が障害を受けた場合に臨時に動員される筋肉を補助呼吸筋と呼びます．いくつかの補助呼吸筋のうち，体表から動きが観察しやすいなどの理由で，特に重要なのが胸鎖乳突筋と腹筋です．

　腹筋の動きそのものを観察するのは（特に肥満の傷病者の場合）必ずしも容易ではありませんが，好んで起坐位をとっている傷病者，特にうつ伏せ気味の起坐位を好む傷病者は，まず間違いなく腹筋を動員していると考えてよいでしょう．もし確実に知りたい場合は，腹筋に軽く触れてみてください．呼吸運動に同期して，腹壁（腹筋）が硬くなったり柔らかくなったりを周期的に繰り返す場合は，呼吸をするために腹筋が動員されています．

　胸鎖乳突筋を観察するのは，非常に容易です．傷病者の頸部に，呼吸運動に同期した筋肉（胸鎖乳突筋）が浮き出たり見えなくなったりを周期的に繰り返す場合は，呼吸のための胸鎖乳突筋が動員されている証拠です（図3）．これは明らかな緊急事態です．傷病者は会話することさえ困難を感じていることでしょう．傷病者に「呼吸が苦しいか否か」を尋ねるのは，嫌がらせというものです．胸鎖乳突筋が緊張と弛緩を繰り返しているのは，声を出せない傷病者が「助けてください」と叫んでいるものと判断するべきです．

> **報告の例**
>
> 「就寝中に呼吸困難を自覚して119番通報.現在,ソファにもたれかかった状態で,胸鎖乳突筋の動員など,明らかな換気障害があります」
>
> ➡ 重症心不全を念頭に置いた報告.

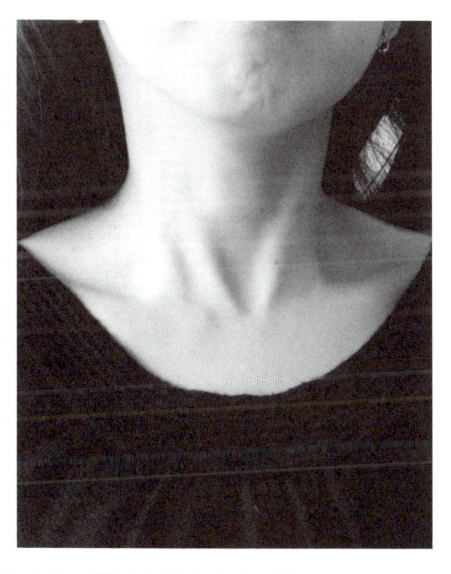

【図3】 傷病者の首が胸鎖乳突筋で筋張っている様子

吸気・呼気の時間比

　呼吸困難のある傷病者や呼吸数が増加している傷病者では，特に吸気時間の延長に注意してください．吸気時間の延長とは，すなわち上気道に発生した障害であり，これに対しては，救急隊員が現場で対処可能なことが多く含まれているからです．

　正常な呼吸では，吸気時間は呼気時間の1/2程度が普通です．吸気と呼気の時間比を正確に評価するのは難しいかもしれませんが，吸気時間が呼気時間より長いのは絶対に異常です．これは明らかに上気道に何らかの障害があることを示しています．

　気道異物による不完全気道閉塞であれば，その場で異物を取り除くか，または，その時点では経過観察にとどめておき，万が一，完全気道閉塞などの危険な状態に陥った場合には，異物除去を試みるなどの方針を立てることができます．上気道の炎症性疾患や分泌物による気道閉塞でも同様の所見を認めるはずですが，これに対してはエアウェイを挿入する，分泌物を吸引除去する，などの方法で対処できるかもしれません．いずれにしても，このことは医師に連絡すべき重要事項です．

　気管支喘息など，下気道の異常を原因とする病態では，吸気時間に比較して呼気時間が著しく長くなります．多くの場合，単に呼気の時間が延長するだけでなく，呼気の呼吸雑音（笛声音）が聴取できるようになります．

報告の例

「気管支喘息でそちらにかかりつけの傷病者です．いつもの発作と同様の息苦しさがあるとのことですが，現在，吸気の延長があり，また，吸気時に軽度の狭窄音を認めています」

➡ 気管支喘息を既往に持つ傷病者であるが，今回の通報は上気道の障害が原因であることを念頭に置いた報告．

アナフィラキシーなど，上気道が障害されること（喉頭浮腫）もあれば，下気道の障害（喘息様の発作）が主体のこともある病態では，呼気と吸気のどちらがより延長しているかの情報は，どの部位の病態がより重篤なのかを知る上で，重要な情報になります．

報告の例

「火災現場から救出された傷病者です．意識レベルは・・・（中略）・・・．鼻毛が一部焦げていますが，呼吸数，SpO_2なども含め呼吸状態に問題なく，喉の違和感や嗄声もないとのことです」

➡ 気道熱傷を疑っているが，現在，上気道に差し迫った危険はないことを念頭に置いた報告．

アナフィラキシーや気道熱傷は，喉頭や咽頭の浮腫による上気道閉塞の原因となります．したがって，これらの病態が疑われる状況では，上気道の障害を示唆する情報があるか否かが重要です．しかし，問題はこれらの病態が極めて急速に進行することがあるということです．ほとんど症状のない状態から，換気不能の絶体絶命的状況まで，あっという間に進行することすらあります．

　そこでアナフィラキシーや気道熱傷の傷病者では，上気道における障害による超早期の症状の有無を確認することが重要です．その超早期症状とは，嗄声や喉の違和感です．嗄声は喉頭などの上気道で浮腫が進行して換気（吸気）が障害され，そのことによって「吸気の延長」が明らかに観察される遥か以前から出現する声帯浮腫の重要な徴候です．よって，このような傷病者では，呼吸状態が障害されているか否かにかかわらず，嗄声やそのことに関する自覚症状であるところの「喉の違和感」に関する情報が重要なのです．

■循環

　循環状態の評価とは，究極的には全身，特に重要臓器に十分な血液が供給されているか否かを評価することです．「心拍出量を評価することである」といってもよいでしょう．しかし，心拍出量を直接的に知ることは不可能です．病院内でさえ，特殊な検査機器を使用しなければ，心拍出量を評価することはできません．そこで，循環状態を評価するには，さまざまな間接的情報を総合的に判断する必要があります．

脈拍・血圧・心電図リズムと循環

　初期評価の段階では，脈拍の速さや強さ，四肢末梢の冷感や発汗状態，外出血の有無または量，皮膚の色などから評価します．さらに詳細な情報が必要であれば，脈拍数や血圧値，心電図モニターが参考になります．

　出血や脱水による循環血液量の減少や心不全などで心拍出量が低下すると，体はまず心拍数を速めるとともに，体の一部の血管を収縮させて重要臓器への血流や血圧を維持しようとします．そのため心拍出量低下の初期段階では，血圧はあまり低下せず，脈拍数の増加のみが目立つことになります．すなわち，脈拍の強さや血圧がほぼ正常範囲内で，脈拍数の増加が認められるのは，循環血液量減少や心不全の初期の段階と判断できます．もともと心房細動（Atrial fibrillation；Af）などの不整脈を患っている傷病者でない限り，心電図上は洞性頻脈であることがほとんどですから，この情報も循環血液量の減少や心不全などが原因で，その結果として心拍出量が低下しつつあることを示唆する情報となります．

報告の例

「血圧は130/90 mmHgですが，脈拍数が110に増加しています．心電図上は洞性頻脈です」

➡ 何らかの原因による心拍出量低下の初期段階であることを念頭に置いた報告．心電図所見は補助的な情報．

心拍出量の低下がさらに進行すると，血圧を維持するための体の対応が追いつかなくなって，脈の強さや血圧が実際に低下してしまいます．この段階では，心拍出量の低下はかなりの程度に進行していて，危険な状態であると判断するべきです．時には，上室性または心室性の期外収縮が散発することもあります．

報告の例

「脈拍数130で，血圧は90/70 mmHgです．心電図上は洞性頻脈ですが，時々，心室性期外収縮（Premature Ventricular Contraction；PVC）が認められます」

➡ 心拍出量低下が進行していることを念頭に置いた報告．心電図所見は補助的な情報．

　心拍出量の低下に伴う血圧や脈拍数の異常は，心臓のリズムそのものが原因になっている場合もあります．典型的な例が発作性上室性頻拍（Paroxysmal Supraventricular Tachycardia；PSVT）や心室頻拍（Ventricular Tachycardia；VT）です．このようなリズム異常は，その遠因として循環血液量の低下や心不全が隠れていることもあるので，いずれはそれらに対する治療も必要となります．しかし，まずはリズム異常を早急に治療する必要がありますから，その情報は真っ先に医師に連絡すべきです．

> **報告の例**
>
> 「ショック状態で,心電図上VTだと思われます」
>
> ➡ ショック状態で直ちに病院に収容する必要があることを念頭に置いた報告.心電図所見はもっとも重要な情報.

　心房細動の発作も心臓のリズムそのものが原因となって起こる血圧・脈拍の異常のひとつです.普段は洞調律の傷病者が,時々(発作性に)心房細動になることがあります.このような場合,突然のリズム変化に循環系が対応できないため,血圧が下がったり,場合によっては,ショック症状を来したりすることもあります.一方,もともと心房細動であった傷病者が循環血液量の減少や心不全を来せば,洞調律の傷病者同様,頻脈状態(もちろんリズムは心房細動)となります.このように,頻脈性の心房細動を認める場合は,リズム異常がそもそもの原因となっている場合と,循環血液量減少や心不全の一症状として頻脈が起こっている場合とがあり,その判別は容易ではありません.

　このような場合には日ごろの心電図リズムと発症の時間経過がヒントになります.過去に心房細動を指摘されたこともなく,また,何ともない状態から突然にショックに近い状況になった傷病者の場合には,心房細動そのものがショック状態の原因になったことが強

く疑われます．「心電図上 Af」であることと「突然の発症」との情報は医師に連絡すべき重要な項目です．時々「心電図上異常波形を認めます」とか「心電図上不整があります」などの報告を耳にすることがありますが，心房細動くらいはちゃんと判読・報告していただきたいものです．

報告の例

「30分ほど前から突然の呼吸困難と全身倦怠感および発汗を来したとのことです．心拍数130前後のAfを認めていますが，過去の健診では心電図異常を指摘されたことはないとのことです」

➡ ショックの原因が発作性の心房細動であることを念頭に置いた報告．「突然の」と「心電図異常を指摘されたことがない」がキーワードになっています．

血圧の正常値とは何かにも注意が必要です．収縮期血圧が140 mmHg以上，または，拡張期血圧が90 mmHg以上であれば，境界型高血圧症または高血圧症とするのが一般的な高血圧の定義ですが，救急現場で問題となる血圧の「高い」，「低い」は，この定義とは直接関係ありません．重要なのは「その人の日ごろの血圧と比べて高いか，低いか」ということです．

「120/80 mmHg」は常識的には正常な血圧ですが，高血圧症のために日ごろの血圧が160/95 mmHgの傷病者にとっては，血圧が低下した状態と判断すべきです．循環の異常が疑われるような場合には，その時の血圧だけでなく，日ごろの血圧との比較が重要な情報になることに注意してください．

報告の例

「血圧120/80 mmHg，脈拍132で，顔面の発汗と四肢の冷感を認めています．既往に高血圧症があり，日ごろの血圧は160/90前後とのことです」

➡ ショック状態であり，かつ，すでに血圧が低下し始めていることを念頭に置いた報告．

　意識・呼吸状態の異常も，実は循環の異常が原因となっている場合もあるので，注意が必要です．何となく反応が鈍い，落ち着きがない，興奮しく攻撃的・拒否的な態度を示す，などは循環不全が原因となっている場合があります．原則として神経症状は認められません．

　同様に，呼吸困難や頻呼吸が，呼吸器系の異常ではなく，循環の異常が原因となっている場合があります．意識や呼吸の評価で，何らかの異常を認めている場合には，それらが循環の異常によって引き起こされてい

る可能性を念頭に置いて観察・評価してください．意識状態にばかり気を取られて，呼吸や循環の評価がおろそかになってはなりません．

報告の例

「血圧100/80 mmHg，脈拍120で，顔面の発汗があり，興奮状態です」

➡ 興奮状態の原因がショックにあることを念頭に置いた報告．

「主訴は呼吸困難で呼吸数約30ですが，ルームエアーでSpO_2が98です．血圧は140/80 mmHgですが，脈拍120で四肢に冷感があります」

➡ 呼吸困難の原因がショックにあることを念頭に置いた報告．

2 ▶ 2

傷病者や家族から情報を聴取する
特殊な状況における情報収集

　救急現場での活動は救急隊員と医師との協働作業です．協働を成立させるため，救急隊員は，

1）傷病者の情報を収集し，
2）それを整理して状況（傷病者の医学的状況）を把握し，
3）それをできるだけ効率よく医師に伝達する

必要があります．上記3段階のうち，3）に関しては3章で詳細に解説します．

　ここでは「1）傷病者の情報を収集」するのうち，いくつかの特殊な状況を例に挙げて，傷病者や家族から情報を聴取する方法についての誤解や工夫について考えていきましょう．

1）高齢者への対応

　高齢者からの救急要請は全要請件数の約50％を占めています（総務省消防庁：平成20年版 救急・救助の現況；図4）．齢を重ねるにつれて基礎疾患の数や程度も増えるため，当然のことでしょう．
　高齢者は体の予備力が低下していて，ちょっとした

異常が重大な結果（結末）につながるので，救急現場での情報収集を慎重かつ効率的に進める必要があります．

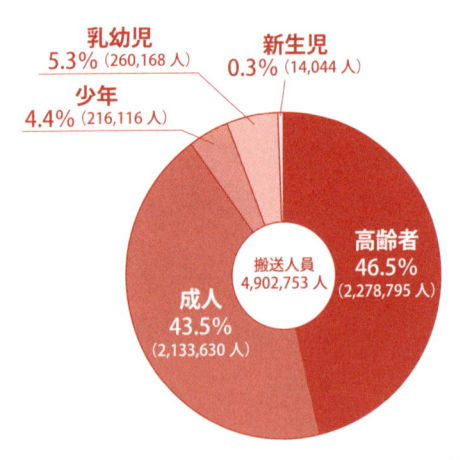

乳幼児 5.3%（260,168人）
新生児 0.3%（14,044人）
少年 4.4%（216,116人）
高齢者 46.5%（2,278,795人）
成人 43.5%（2,133,630人）
搬送人員 4,902,753人

新生児：生後28日未満
少　年：満7歳以上満18歳未満
高齢者：満65歳以上
乳幼児：生後28日以上満7歳未満
成　人：満18歳以上満65歳未満

【図4】 救急車による年齢区分別搬送人員（2008年中）

(総務省消防庁：平成20年版 救急・救助の現況より作図)

難聴（聴覚障害）

　高齢者にありがちな基礎疾患のうち，救急隊員と傷病者のコミュニケーションにとって特に障害となるのは，難聴（聴力障害）です．残念ながら，難聴のある高齢者に適切に対応している光景を目にすることはまれであるといえます．

では，あなたは，どのように高齢者に接していますか？
例えば

- 甲高い大声で，
- 耳元に口を近づけて，
- 一音一音をはっきりと区切って，
- 抑揚のない一本調子で，

高齢者に話しかけるのが当たり前であると思っているのではないでしょうか？

あなたが，これらの4要素がすべてそろった対応をしているとすれば，それは「悪い見本の総集編」だといっても過言ではありません．

甲高い大声

高齢者に多いタイプの難聴は「感音性難聴」と呼ばれるタイプの聴覚障害で，図5に示すように低音域に比べ，特に高音域が聞こえにくくなります．

高齢者にとっては，聞こえる音が小さくなるというよりは，むしろ音がひずんで聞こえるというのが実際に近い状態になります．このため高齢者の聞き取りを少しでも容易にするためには，できるだけ高音域の音を使わず，かつ，できるだけひずみの少ない音を出すようにするのが有効となります．高音域の音を重点的に含む「甲高い声」を使うことが無効なのは，図5からもわかるように理由は明らかです．

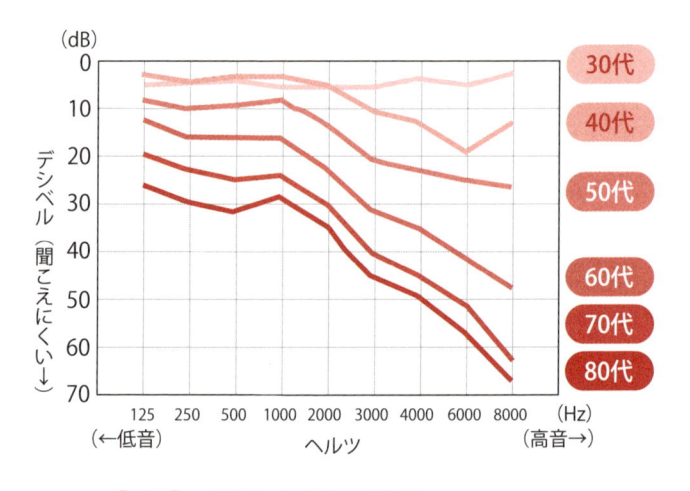

【図5】 加齢による聴力低下
(鈴木 敬. 聴力の年齢変化の研究.
日本耳鼻咽喉科学会会報 1959；62（10）：2257. 第9図. 一部改変.)

　また，大声を出せば，誰でも声がひずんでしまいます．それでなくてもひずんだ音に聞こえがちな高齢者の耳に，甲高い（高音域の）大声がどれほど聞こえにくいかは容易に理解できるでしょう．

　高齢者の聴力が低下しているのは確かなことです．そのため，通常よりも大きめの声で話すのは当然といえます．だからといって，自分の普段の声から明らかに外れるような「甲高い声」や通常の会話では使わないような「大きな声」で話すのは間違いです．あなたが使い慣れた，せっかくの「よい声」を役立てることができなくなってしまいます．普段よりもしっかりと

した声で話すことを心がけることは大切ですが，普段では使わないほどの不自然な甲高い声や大声は，高齢者にとっても決して聞きやすいわけではありません．それよりも，会話の邪魔になるような音源をできるだけなくすこと，すなわちテレビやラジオの電源を切る，外が騒がしい場合は窓やドアを閉める，などの工夫のほうが重要なのです．

■ 耳元に口を近づけ，
■ 一音一音をはっきりと区切って，
■ 抑揚のない一本調子で，

これらもすべて間違いです．高齢者の多くは「耳が遠い」のですから，できるだけ耳元で，一音一音をはっきりと区切って話すように努めるべきであると考えるのは，当然のように思われるかもしれません．しかし，これはよくある，そして重大な間違いです．

正解は「できるだけ相手（高齢者）の正面，最低でもお互いの視線を合わせることができるような位置に立ち，できるだけ普段の調子で，すなわち一音一音を不自然に切ることなく，かつ，通常の抑揚を崩さずに，普段どおりに話しかける」ことなのです．

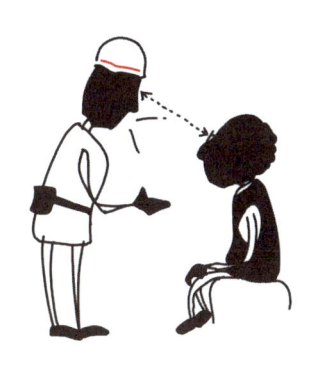

このことを正しく理解するには，人と人の意思の疎通がどのような手段で行われているかを理解する必要があります．「あなた」が「わたし」に何かを伝えたい時，あなたならどのような手段を使いますか？

　もちろん「言葉」を使うでしょう．では，「言葉」とは何でしょうか？

　言葉の中心は「言語」（われわれにとっては日本語です）であるのは間違いないことですが，これは意思疎通のためにわれわれが利用する手段のほんの一部に過ぎません．通常は意識しないことが多いのですが，実はわれわれは言語としての日本語以外に非常にさまざまな「言葉」を使って意志の疎通を図っています．
　その「言葉」とは，顔の表情や視線の向け方であり，声のトーンであり，抑揚や間の取り方，手や体の動きなのです．

顔ではニコニコしながら，相手に遺憾の意を伝えることは容易ではありません．何かを強く命ずる時と優しく導く時では，視線や顔の表情だけでなく，声の大きさや高低，抑揚，語尾の上げ下げの仕方まで，自ずと異なってくるでしょう．身振り手振りも意思疎通のための有効な手段のひとつです．

　一説によれば，人と人の意思の疎通において，純粋な「言語」，すなわち文字として書き表すことのできる部分は，意思疎通のための手段全体のわずか20％に過ぎないといわれています．あなたもメールや手紙を通じたやり取りの中で，自分の思ったことがうまく伝えられずに思わぬ誤解を招いたことや，相手の意図を誤解してしまったことが過去に何度もあるのではないでしょうか？

　高齢者の場合，自分が難聴であることを自覚しているか，自覚していないかにかかわらず，周囲の言語を聞き取るための補助手段として，話し手の唇の動きを無意識のうちに読み取っていることがあります．これは，いわゆる読唇術というものです．

　以上のような点を考慮すれば，難聴を抱える高齢者に対し，「耳元に口を近づけて」，「一音一音をはっきり区切り」，「一本調子で」話しかけることのすべてがいかに無駄な努力であるかが理解できるでしょう．
　あなたが耳元に口を近づけて話しかければ，聞き手（高齢者）は，あなたの優しく導くような顔の表情や視

線の配り方を見ることもできなければ，唇の動きを読むこともできません．「音＝言語」をはっきり伝えようとするために，それよりももっと大切な「言葉」を伝えることに失敗してしまうのです．同様に，一音一音をはっきりと区切り，抑揚のない一本調子で話しかけたとすれば，「音」ははっきりと聞こえたとしても，それは単なる音として高齢者の耳に響くのみであり，抑揚のない，単なる音の羅列から話し手の真のメッセージを聞き取ることは容易ではありません．

　難聴を抱える高齢者への対応方法は簡単です．やや大きな声を出しつつ，できるだけ普段どおりの会話を行えばよいのです．しかし，実際には「悪しき例」があまりにも多いのです．長尾らが高齢者施設の職員を対象として行った調査では，これら職員の30～40％は耳元で話しかけることをよしとしていたとの報告があります（長尾 哲男 他：老人性難聴者の聞こえ方の理解と対応方法の調査-高齢者施設における職種別調査から-.長崎大学医学部保健学科紀要 2003；16（2）：121-126.）．悪しき前例に惑わされないように注意してください．

長老としての尊厳
　高齢者は人生におけるわれわれの大先輩であり，それなりの尊厳を持って対応するべきであることは言うまでもありません．ところが，その当然のことが現実には（おそらく悪意のないままに）完全に忘れ去られています．

　読者の中で，次のような場面を目撃した（あるいは

聞いた）ことがない人があるとすれば，それは非常に幸運な人でしょう．

見ず知らずの高齢者に対して「おばあちゃん」,「おじいちゃん」と呼びかける．

「おばあちゃん，どうしたの？」

「おじいちゃん，どこが痛いの〜？」

　長年の付き合いの中でお互いの信頼関係が完成しているような関係においては，親しみを込めた表現として「おばあちゃん」,「おじいちゃん」は好ましい表現となり得ます．しかし，ほとんどが初対面である救急対応において，このような関係が成り立つ可能性はゼロに近いでしょう．昔からの顔なじみであるなどの例外的場面を除けば，このような対応を決してするべきではありません．

> 高齢者に対して幼児言葉を使う．
>
> 「はあい，オクチ，アーンしてぇ！」
>
> 「オテテ，握れるぅ？」

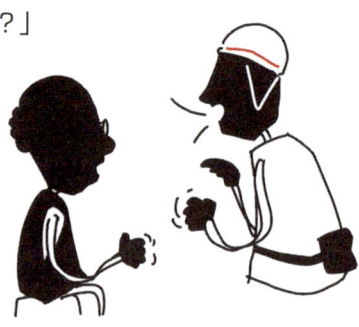

　高齢者に対して幼児言葉で話しかける習慣は，世界的にも珍しい，おそらくわが国独自の，極めて悪しき（現実の）習慣でしょう．筆者には高齢者に「オテテ」，「オクチ」などの幼児言葉を使う人の精神構造が理解できません．幼児言葉は，それこそ幼児，つまり，われわれより人生経験も知性も判断力も明らかに劣った人に対して使う言葉です．高齢者は経験においても知性や判断力においても，われわれに比べて劣ってはいません．高齢者の上肢は「オテテ」ではなく，その口は「オクチ」ではないのです．

　話しかけている本人たちに悪気はないとしても，これは相手に対する尊厳を著しく傷つける発言ですので，気をつけなければなりません．

あなたは，あなたの耳元で，大声で，次のように話しかけられたら，正確に聞き取ることができるでしょうか？また，どのように感じるでしょうか？

「オ・ジ・イ・チャ・ン・オ・ク・チ・ア・ア・ン・シ・マ・ショ・オ・ネ・ハ・ア・イ・ア・ア・ア・ン・ア・ア・ジョ・オ・ズ・ニ・デ・キ・マ・チ・タ・ネ」

　高齢者に対応する場合，たとえ難聴や四肢の麻痺や言語障害があったとしても，一個人としての尊厳を十分にわきまえた対応が必要です．これは決して難しいことではありません．
　名前で呼びかけることを含め，普段どおりの言葉遣い，普段どおりの話し方，普段どおりの接し方を心がけ，普段より少しだけ大きな声にすればそれでよいのです．

2) 幼児・学童への対応

　幼児，特に人見知りを始めた時期の子供や小学校低学年の学童の対応には難渋することが多いでしょう．それは，本人から直接情報を入手することが困難であるばかりでなく，いったん泣き始めると，傷病者とのコミュニケーションは絶望的となるからです．そこで，幼児・学童への対応では，「怖がらせない」，「泣かせない」ための対応策が必要となります．

親の助けを借りる
　幼児期・学童期の傷病者では，親の庇護に置かれ安心できる状態で情報を収集するのがよいでしょう．親に抱かれた状態，または親に寄り添った状態でも多くの情報を集めることができます．

　周辺情報は，親から聴取することで多くが事足りるといえます．

　親は傷病者のいつもの状態をよく知っていますので，その親の観察は，第三者的立場の救急隊員の判断よりも確かなことも多いのです．親の感じたことを「素人の判断に過ぎない」と軽視するのは慎むべきです．

傷病者への接触に細心の注意を払う
　あなたが見知らぬ人にいきなり体を触られたらどう思いますか？おそらくびっくりして，相手を警戒するのではないかと思います．同様に幼児・学童が見知らぬ人，すなわち救急隊員にいきなり体を触られれば，それなりの恐怖や警戒心を持つのは当然です．多くの

必要な情報は,傷病者の体に接触しなくとも評価することが可能です.

幼児期・学童期の傷病者の場合,視線の動きに注意する

　救急隊員は傷病者にとって見知らぬ人であり,警戒すべき対象です.幼児・学童であれば,救急隊員に対し警戒の対象とならなくとも,救急隊の出現に興味を示し,その動きを注視するのが自然の行動です.

　傷病者にアプローチする際には,その視線の動きに注意しましょう.近づきつつある救急隊員に傷病者の視線が向けば,まずは一安心です.逆に,突然現れた救急隊のほうに傷病者が興味を示さない場合は,よくない知らせです.この場合には,意識障害がある,倦怠感が強いために視線を向ける余裕がない,などの可能性が考えられます.

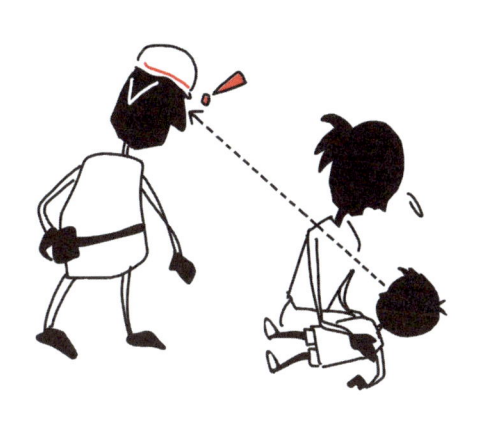

体の動きに注意する

　傷病者に近づいたら，親やその周囲の関係者から必要な情報を収集しましょう．親と会話を交わすことで，傷病者の警戒心が多少なりとも和らぐことも期待できます．その際に，傷病者の体の動きを（十分に離れた位置から）観察すれば，かなりの情報を収集することができます．

例えば，次のようなものが観察可能です．

- ■ 呼吸数
  （呼気が終了すると同時に吸気が始まる場合は，呼吸数が増加していると判断してよい）
- ■ 呼気延長や吸気延長の有無
- ■ 上気道の狭窄音や喘鳴の有無
- ■ 皮膚の色
- ■ 四肢の動きの有無，非対称性

足から触る

　いきなり知らない人に体幹や顔を触られることに比べれば，四肢の末端を触られることに対しては抵抗感が少ないでしょう．脈や皮膚の性状を評価したい場合は，まず足に軽く触れて傷病者の様子を確かめた後，特に嫌がる様子がなければ足背動脈に触れましょう．皮膚温や大まかな脈拍数は，そこで確認することができます．この段階を通じて，「この人（救急隊員）は自分に危害を加える要注意人物ではない」と傷病者が感じれば，必要に応じて体幹部などにも触れることが可能になるかもしれません．

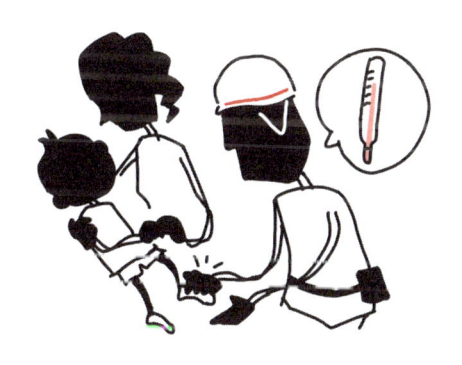

尊厳を持って対応する

　われわれからみて，いかに幼い傷病者でも尊厳があります．そのため，挨拶や処置・観察を行う前に説明が必要なことは言うまでもありません．「説明をしても理解できないだろうし，適当にごまかしておけばよい」という態度，特にウソをつくのは厳しく戒められるべきです．時間に余裕がある限り，傷病者の体に触れる前には，「ちょっと触るよ」などと説明し，できれば了解を得てから触るように努めましょう．何のために触るのかを説明することができれば，なおよいでしょう．

　汚染創の洗浄など，やむを得ず痛みを伴うような処置をする際には，「痛くない」とウソをつくのではなく，「ちょっと痛いけど我慢しようね」などと説明するべきです．「痛くない」はずの注射が痛かった（当然です！）ために，医師や看護師の説明を素直に信じられなくなった子供が今までに一体，何人いることでしょうか・・・．

2 ▶ 3

ケーススタディ
高齢者，小児，意識はあるが表現ができない傷病者の場合

　皆さんは，要請があればいち早く現場に到着して搬送するため，傷病者の緊急度・重症度を短時間で判断して，必要な情報を聴取しなくてはなりません．そのために，短時間で必要な情報を入手できる観察力や質問力をつける必要があります．

　この節では，皆さんも経験があると思われる，高齢者，小児，意識はあるが表現ができない傷病者の場合に注意すべきポイントを解説していきます．

　前節での解説を思い出して，どのように適切なのか，適切でないのかを考えながら，事案を一緒にみていきましょう．

1) 高齢者

	例1
救急隊員	救急隊で〜す． (甲高い声で) おばあちゃん, どうしたの〜？どこが痛いの〜？
高齢者(女)	え？
救急隊員	えっと〜, (一語一語区切って) ど・こ・が・痛・い・の・か・な〜？
高齢者(女)	え？
救急隊員	(甲高い大きな声で, 耳元で, 一語一語区切って) えっと〜, お・ば・あ・ちゃ・ん, ど・う・し・た・の〜？ど・こ・が・痛・い・の・か・な〜？お・腹？そ・れ・と・も・頭・が・痛・い・のぉ〜？
高齢者(女)	(むっ！おばあちゃん？)・・・．
救急隊員	(あれ？聞こえないのかな？) (耳元で, 大きな声で, 一語一語区切って) お・ば・あ・ちゃ・ん, 聞・こ・え・る？聞・こ・え・た・ら・お・返・事・し・て？
高齢者(女)	(おばあちゃんですって？感じの悪い救急隊ね！) お腹が痛いから, 早く運んでよ！
救急隊員	(あ, 聞こえた！) そうなんだ〜．おばあちゃん, お腹はいつから痛いのかなぁ？どこが痛い？どんな痛みがあるのかなぁ？血圧測るから, オテテをちょっと触るよぉ〜．
高齢者(女)	あんたとは話したくない．ちょっと触らないでよ！
救急隊員	え！？

例2

救急隊員	△△救急隊　救急救命士○○です． （普段よりも少し大きな声で）××さん，どうしましたか？
高齢者(女)	え？
救急隊員	えっと〜，どこが痛いですか？
高齢者(女)	え？
救急隊員	（傷病者の顔が見える位置で，目を見ながら，普段よりも少し大きな声で）えっと〜，××さん，どうしましたか？どこか痛みはありますか？お腹ですか？それとも頭ですか？
高齢者(女)	お腹が痛いんです．早く運んで！
救急隊員	そうですか．わかりました，病院に連絡を取るために必要なので，いつからお腹が痛いのか教えてください．どのような痛みでどこが痛いですか？
高齢者(女)	昼ご飯を食べて1時間くらいしたら，急に胃のあたりがズキズキしてきて．全部吐いてしまって．
救急隊員	わかりました．

自分の所属・名前を伝える

　救急現場に到着したら，まずは所属と名前を名乗りましょう．救急車から降りてきたり，服装を見れば誰でも救急隊員であることは判別がつきます．しかし，あなたが落ち着いて所属や名前を名乗ることは，切迫した現場の雰囲気から傷病者・関係者に安心感をもたらします．そして，あなた自身も一度落ち着いて現場を見渡すことができます．周囲の状況を察して接することが大切です．

救急現場での傷病者が好感を持つ言葉遣い

■ 親しみを込めた言葉遣い

　あなたは親しみを込めて，例1のように高齢者に対して「おばあちゃん」，「おじいちゃん」と呼びかけていませんか？

　多くの場合，初対面である救急現場において，「おばあちゃん」，「おじいちゃん」と話しかけても，親近感は生まれません．逆に，傷病者本人が年寄り扱いをされることを嫌がる場合もあります．

　状況にもよりますが，極力，苗字を聞き出し，苗字で話しかけるほうがよいでしょう．

　特に高齢の女性の場合は，「おばあちゃん」という言葉に敏感に反応する方もいますので，見た目で判断して余計な怒りを買わないようにしましょう．

■ 無意味にやさしく接しようとした言葉遣い

　あなたは，やさしく接しようとして，高齢者に対して幼児語を使用していませんか？これは侮蔑になるこ

とはあっても，やさしさにはなりません．

　傷病者や関係者に子供がいた場合は，恐怖感を与えないようにするため，友達に話しかけるようにしたほうがよい場合もありますが，年配の方に接する際にはまったく無意味です．

　救急現場において，傷病者や関係者が救急隊に好感を持つのは，毅然とした態度で，的確に行動し，周囲に安心感を与えた時です．そこを勘違いすると，その後の対応において大変なことになりかねません．

難聴である高齢の傷病者への接遇

　難聴である高齢の傷病者に，例1のように「甲高い大声で」，「耳元に口を近づけて」，「一音一音はっきりと区切って」，「抑揚のない一本調子で」話しかけた場合，おそらく傷病者にあなたの意図は伝わりません．これは前節で述べたとおりです．

　伝わらないために，よりゆっくりと，高音域で，抑揚なく話しかけると余計聞き取りづらくなり，お互いにイライラする原因となり，関係性が悪くなります．

　この場合は，普段よりも大きな声で，普段どおりの言葉遣い，話し方，接し方をしましょう．

　高齢者に話しかける時は，気持ちゆっくりめで，普段の声のトーンで抑揚をつけて話すようにしましょう．また，相手の表情や状態をより観察するために，ある程度の距離を保って，目を見て話すことが大切です．

2) 小児

| 例3 |

救急隊員 △△救急隊　救急救命士××です．
どうしましたか？具合が悪いのはこのお子さんですか？

母　親 はい，そうです（子供を抱っこした母親，子供はぐったりしていて救急隊を見ない）．

救急隊員 えっと～，わかりました．ちょっとお子さんをこちらに（子供を抱っこしようとする）．

母　親 はい（救急隊員が抱っこすると同時に，泣き叫ぶ子供）．

救急隊員 怖くないよ～．泣かないで～．じゃ，ここにちょっと寝んねしてね～．で，お母さん，どんな症状なんですか（泣きじゃくる子供，心配そうな母親）？

母　親 昨日の夜から熱が40度近く出て，近所の病院で今日の午前中に診てもらったのですが，ちっとも下がらないので・・・．

救急隊員 そうですか．じゃ，ちょっとお熱測ろうね～（いきなりおでこを触る，体温計を使って測ろうとする）
（より一層泣きじゃくる子供，おろおろする母親）．

母　親 （心配そうに）さっき測った時は39.5度でした．も～，さっき救急車呼ぶ時に話したんですけど！また聞くんですか！早く病院へ運んでよ～！

例4

救急隊員　△△救急隊　救急救命士○○です．
どうしましたか？具合が悪いのはこのお子さんですか？

母親　はい，そうです（子供を抱っこした母親，子供はぐったりしていて救急隊を見ない）．

救急隊員　えっと〜，わかりました（この子の状態はよくないな．肌の色は青白いかな，呼吸は速そうだ，循環は・・・）．で，お母さん，どんな症状なんですか？

母親　昨日の夜から熱が40度近く出て，近所の病院で今日の午前中に診てもらったのですが，ちっとも下がらないので・・・．

救急隊員　そうですか．医師へ伝えるために今一度確認したいのですが，今，熱はどうですか？どうしたのかな？（あやすようにしながら，足をゆっくりと触る）．

母親　（心配そうに）さっき測った時は39.5度でした．

救急隊員　わかりました．

小児の事案ではまず遠くから観察する

　子供は好奇心が旺盛なので，知らない人が近づいてくればそちらを見ることが多いでしょう．子供が入ってきた人のほうを見るならば，子供に重大な意識障害はないこと，倦怠感もそれほどひどくないと考えられます．

　例3では子供はぐったりして侵入者に興味を持つこともありませんでした．これより，この子供の容態がよくないということがわかります．

　また，子供が小さい場合は，特に親から離さずにどこまで観察できるかがポイントとなります．親に抱っこされている場合は，子供が怖がらないよう距離を保って，抱っこされた状態で観察しましょう．肌の色，呼吸様式，循環の状態など離れていても判断できることはたくさんあります．

子供に恐怖心・不安感を与えない

　見ず知らずの人がいきなりあなたに触ったらびっくりするはずです．当然，子供であってもびっくりし恐怖を感じるでしょう．子供が怖がり，泣きじゃくればコミュニケーションをとることはまず不可能です．そして親も動揺し，精神状態もより悪くなることは必至で，良好な関係を築くことはより一層難しくなり，無用な怒りを買うことにもつながるでしょう．

　とにかく，子供は泣かさずにどこまで観察することができるのかが重要となります．

　体温，脈の確認の際には，いきなりおでこなどの上半身を触ることを避け，足からゆっくりと触るように

しましょう．足に触れることで，四肢末梢の冷感や発熱の状況を知ることができ，足背動脈で脈の確認も行うことができます．

親の無用な怒りを買わない

　特に母親は具合の悪い子供をとても心配し，早く医師に診察してほしいと焦っていることが多いと考えられます．そのために救急車要請時にも子供の様子を事細かに伝えている可能性があります．

　泣きじゃくる子供の様子に心配は頂点に達し，「どうして早く病院へ連れて行ってくれないのか」という焦る気持ちから，「電話で一度伝えたことをなぜもう一度伝えないといけないのか」という怒りに変わり，救急隊への信頼が揺らぐことも考えられます．

　焦っている親に対して聴取する場合は，「医師に伝えるためにもう一度確認したいのですが」などの言葉をつけましょう．今から確認する内容が医師へ伝えなければならない重要な項目であるということを親に認識させることで，親も納得して情報を提供でき，無用な怒りを避けることができるでしょう．

3）意識はあるが表現ができない傷病者

	例5

救急隊員	△△救急隊　救急救命士××です． 具合の悪い方はどこですか？
女　性	こっちです．早く来てください．
救急隊員	わかりました．旦那さん，どうしましたか？ どこが痛いですか？
男　性	・・・・・・・．
救急隊員	（反応ないな・・・）奥さん，旦那さんは急に倒れたんですか？
女　性	はい．そうです．朝ご飯を食べ終わって，立ち上がったら急にひっくり返って．
男　性	・・・・・・・（かすかに手が動いている）．
救急隊員	そうですか．奥さん，ちょっと旦那さんの体温と血圧とか測りますね．旦那さんは頭が痛いとか言っていましたか？あと既往歴はありますか？
男　性	・・・・・・・（かすかに手が動いている）．
女　性	キオウレキ？？？頭が痛いとは聞いていなかったような・・・．大丈夫でしょうか？
男　性	・・・・・・・．
救急隊員	そうですか．わかりました．

例6

救急隊員　△△救急隊　救急救命士□□です．
具合の悪い方はどこですか？

女性　こっちです．早く来てください．

救急隊員　わかりました．○○さん，どうしましたか？
どこが痛いですか？

男性　・・・・・・・．

救急隊員　（反応ないな・・・）○○さんは急に倒れたんですか？

女性　はい．そうです．主人が朝ご飯を食べ終わって，立ち上がったら急にひっくり返って．

男性　・・・・・・・（かすかに手が動いている）．

救急隊員　そうですか．○○さん，体温と血圧とか測りますね．（動いてる？？？意識はあるのかな？）頭が痛いですか？声が聞こえたら手を握ってもらえますか？

男性　・・・・・・・（かすかに手が動いている）．

救急隊員　（かすかに意識あるな・・・）何か高血圧の薬を飲んでいましたか？

男性　・・・・・・・（かすかに手が動いている）．

女性　高血圧で通院していました．頭が痛いとは聞いていなかったような・・・．大丈夫でしょうか？

救急隊員　そうですか．わかりました．

情報聴取の相手は常に傷病者のスタンスで

あなたは救急現場に到着したら，傷病者の意識を確認するために積極的に傷病者へ話しかけるでしょう．傷病者の反応がなかった場合，どのように対応しているでしょうか？情報を得るために，周囲の関係者に対して話しかけていませんか？

傷病者は，もしかしたら意識はあるのに話すことができないだけで，その場合，傷病者は無視されたと感じるかもしれません．「声が聞こえたら，手を握ってください」や「わかったら，頷いてください」など話すこと以外で反応できるような呼びかけをしましょう．たとえ意識がなかった場合でも，傷病者に向かって話しかけるスタンスは変えずに対応しましょう．

関係者だけに目を向けて話をすると，傷病者のかすかな変化を見落としてしまいかねません．救急隊員が傷病者に話しかけても傷病者が返答しない場合には，関係者が反応して答えてくれるはずです．

状況だけで相手の素性を決めつけない

中年の男女が一緒にいたら夫婦，中年女性と若年者が一緒にいたら親子，高齢者と若年者がいたら祖父母と孫など，見ただけで決めつけることは非常に危険です．

例5のように男女が一緒にいたからといって夫婦であるとは限りません．「奥さん」，「旦那さん」と親しみを込めて話しかけているつもりなのだとは思いますが，無用な怒りを買う可能性も否定できません．傷病者との関係が判明するまでは，一緒にいる男女に対して，「奥さん」，「旦那さん」と話しかけるのはやめた

ほうがよいでしょう．もちろん傷病者に対しては「○○さん」と苗字で話しかけるのが原則です．

傷病者や家族・関係者にわかりやすい言葉で

あなたが普段耳にしたり，使用している専門用語が，傷病者や家族・関係者にちゃんと伝わっているか考えたことはありますか？

例5では，救急隊員は医師に報告するために女性に傷病者の既往歴を尋ねています．尋ねたこと自体は評価できますが，女性は「キオウレキ？？？」とよくわかっていません．せっかく質問しても相手が理解し回答しなければ，意味がありません．「今までにかかった病気」などに言い換えるなど工夫しましょう．

国立国語研究所によると，言葉が傷病者に理解されない原因には，1)傷病者にその言葉が知られていない，2)傷病者の理解が不確かである，3)傷病者に心理的負担がある，の3点があるとし，救急現場で日常的に使用している「ショック」，「合併症」，「重篤」などにおいても誤解を生んでいる可能性があると報告しています〈国立国語研究所「『病院の言葉』を分かりやすくする提案」http://www.kokken.go.jp/byoin/〉．ですから，誤解を生じないよう，わかりやすく伝える配慮が必要です．

用語解説 ▶ 傷病者などに誤解を生じかねない用語

ショック

血圧が下がるか，あるいはその前段階で，生命の危険がある状態（生理学的には，循環の障害により全身の組織への酸素供給が不十分になった状態）．
一般人の理解率は43.4%．

傷病者や家族・関係者による「ショック」の誤解（複数回答）

誤解内容	割合
急な刺激を受けること	46.5%
びっくりすること	28.8%
ひどく悲しんだり落ち込んだりすること	23.9%

合併症

①病気の合併症の場合；ある病気が原因となって起こる別の病気．②手術・検査などの合併症の場合；手術や検査などの後，それらがもとになって起こることがある病気．
一般人の理解率は①では54.0%，②では18.5%．

傷病者や家族・関係者による「合併症」の誤解（複数回答）

【①の場合】
誤解内容	割合
何かの病気と一緒に必ず起こる病気	28.8%
偶然に起こる病気	31.1%

【②の場合】
誤解内容	割合
医療ミスや医療事故だと考える	19.1%

重篤

病状が非常に重いこと．
一般人の認知率は 50.3%．「重篤な症状」は「非常に重く，生命に危険が及ぶ症状」，「重篤な副作用」は「とても重い副作用」などに言い換えることができます．
もっとも，理解力のある傷病者を前にして，家族・関係者に「この方は非常に重く，危険な状態ですから……」と説明することが，傷病者本人にどのような心理的影響を及ぼすかについては言うまでもありませんね．十分に注意してください．

（国立国語研究所「『病院の言葉』を分かりやすくする提案」
http://www.kokken.go.jp/byoin/　より一部抜粋・改変．）

3

救急隊員として
伝えなければならないこと

3 ▶ 1

聴取した情報をどう伝えるか

1）情報の持つ意味

　前章では，現場において傷病者や家族，あるいはその関係者から，どのように病歴や情報を聞き出せばよいか，救急隊の立場からみれば情報の「input」の方法論について詳述しました．次はそれらの情報を医療機関側にどう伝えるか，すなわち「output」の方法論について考えてみましょう．

　この「output」の持つ意味については1章で述べられているとおり，オンライン・メディカルコントロール（オンラインMC）を担当する医師への傷病者情報の伝達に相当します．

　人間に例えるならば，われわれは種々雑多な外界からの刺激に対応するために，「感覚器官」からそれらの情報を得て，求心路を通して「中枢神経系」に伝えます．中枢神経系ではこれらの情報を処理してどのような対応をすべきかを決定し，その情報を遠心路を介して「運動器官」に伝達しています．例えば，脊髄反射のような「感覚器官」から「運動器官」に反射的に

伝わる信号は，包括的指示やプロトコルによってあらかじめ定められた活動に当たります．一方，より高次の判断が必要な場合，情報は脊髄を上行して大脳皮質に伝達・処理され，その判断を伝える信号が脊髄を下行して「運動器官」に伝達されます．これが具体的指示を含むオンラインMCに当たるものといえます．

　このように救急隊員には傷病者を適切に観察する「感覚器官」としての「眼」や「耳」，確実な処置を行える「運動器官」としての「手」を持つことが求められます．もっとも，必要なのは単に情報を伝達する，あるいは医師からの命令に従うという単なる作業ばかりではありません．「眼」や「耳」で得た情報を分析・処理し，それらの情報の中から医師に伝達すべき重要な情報を取捨選択しなければなりません．また，医師の指示を仰ぐまでもないと判断した場合には，自らの判断と責任において適切な対応を行う必要があります．

　ところが，オンラインMCにおいては，いかによい「眼」，「耳」を持っていようと，医師に確実に情報が伝わらなければ，医師は適切な判断をすることは不可能ですから，このように考えれば，「聴取した情報をどう伝えるか」ということがどれほど重要なことであるかが理解できると思います．

2）情報伝達の制限

　さて，情報伝達の種類にはどのようなものがあるのか思い浮かべてみましょう．音声を介する「会話」，視覚を介する「文書」，「身振り手振り」，「アイコンタクト」，「手旗信号」，「狼煙（のろし）」など，触覚を介する「ボディタッチ」など，言語・非言語にかかわらず多種多様ですが，残念ながら救急隊と医師との間で使用できるのは，電話もしくは無線を介した会話以外にありません．

　電話での会話は日常茶飯事で，普段は何も意識せずに行っていることです．ところがこれがひとたび救急現場となると状況は一変します．救急隊員が医師や医療機関に傷病者情報を伝える場面としては，電話回線を介したオンラインMC，傷病者の収容依頼，医師の現場派遣要請，ドクターヘリ要請や飛行中のドクターヘリとの無線交信，などが考えられます．このような救急現場では，次に挙げるような情報伝達を制限する事象がいくつか存在します．これらの原因を知り，解決策を理解していれば，情報伝達のためのバックグラ

ウンドを少しでもよくし,障壁を取り除くことが可能になるに違いありません.

時間的制約

　救急現場では時間的な制約を受けています.わずかな時間も無駄にはできない状況も毎日のように経験し,その中では「救急」というシチュエーションだけで何事にも「早く,早く」という雰囲気が生まれます.このため短時間で情報を伝えようとするあまり,慌てて焦ってしまうこともあるでしょう.このような状況であればあるほど「急がば回れ」で,冷静にひとつひとつの情報を確実に伝えることが大切です.そのほうがかえって時間がかからずに済むこともあるに違いありません.わずか1分間であっても相当量の情報を伝えることができるものです(ちなみにNHKアナウンサーが1分間にニュースを読む平均速度は450字,久米 宏氏の場合760字です[YOMIURI ONLINE. 21世紀活字文化プロジェクト]).

通信状況

　救急車から医療機関への連絡には，通常，携帯電話回線が用いられますが，地理的状況によっては通信環境が良好ではないことがあります．通信が寸断されたり，雑音が入ったりするたびに同じ内容の会話が繰り返されることになります．

会話の例

（救急隊員）
「傷病者の主（ガーッ）…は，午後3時ごろからのきょ（ガッガッ）…でっ（ガーッ）…」

（医師）
「午後3時ごろからの何ーっ？」

　こうなると情報の伝達は遅々として進まず，お互いにイライラしながら電話をすることになるのです．このような場合には，いったん通信を終了し場所を移動する，すぐ傍らに固定電話回線があればそれを利用する，消防の通信指令室経由に切り替える，などの対策をとることを決断しなければなりません．いたずらに劣悪な通信状況での情報伝達を続けることは，かえって時間の浪費を招き，適切ではありません．

医師との会話

　オンラインMCにおいては，会話の相手は医師となります．「きちんと伝えなければならない」，「後で怒られるのは嫌だ」などの感情が働き，必要以上に緊張して，結果的に伝える内容が支離滅裂になってしまっている例が時々見受けられます（医師が後で怒るのは，救急隊が嫌いで怒っているわけではありません．情報伝達が上手く行われていないから怒るのであって，こうなってしまうと悪循環になってしまいます）．

　緊張感を持って行動することは大切ですが，自分を見失ってしまうほどに緊張してしまっては意味がありません．しかし，逆に友達同士のような会話では，その内容の信憑性が疑われてしまいます．会話の相手が医師であろうとも，自分たちの聴取した情報に自信を持って伝える姿勢を忘れてはならないのです．もっとも避けるべきなのは，その情報が信頼に値するものかどうかの疑いや不安を医師に持たれることなのです．

3）情報伝達の基本的事項

　事案ごとに伝えなければならない固有の情報がありますが，どのような状況にも医師や医療機関との会話の共通する必須事項，いわゆる「雛形」が存在します．この「雛形」をきちんと理解して覚えておきましょう．

誰が電話するのか？

　消防の慣例では救急隊長がその任に当たることが多いようですが，医学的知識の量や理解度，病院研修などを通した医師との「顔の見える関係」などを考慮して，もっとも良質な情報を的確に伝えることができる者が行うべきです．救急救命士にはそのような活動が期待されています．

　ただし，隊員の構成上，隊長自身が救急救命士ではない時もあり，このような場合において，情報伝達の不具合によるトラブルが生じやすいと推測されます．年配の

隊長が要領を得ない情報を伝えている傍らで，若い救急救命士がハラハラしながら聞いている，という状況は読者の皆さんも経験したことがあるかもしれません．

　情報伝達において要領を得ないため，筆者はこれまでに何度か，電話の相手を救急救命士に交代するように指示したこともあります．このような事案を踏まえて，筆者の属する地域メディカルコントロール（MC）協議会では基本的には隊内の救急救命士が連絡の任に当たるよう申し合わせています．また，隊内に必ずしも救急救命士がいるとも限らないため，隊長の任にある者は，情報伝達に関して日ごろから高い意識を持つべきです．難しいことではありません．伝えるべき事柄は決まっていますので，自分自身でポイントを整理し，焦らず落ち着いて日ごろの訓練どおりに行えばよいのです．頑張っていきましょう．

連絡先の確認を

　救急車に搭載している電話では，医療機関への電話番号を短縮番号で設定したりしていることが多いと思いますが，誤って押し間違えて自分が意図している医療機関とは異なる医療機関へ電話していることがあります．

施設名や医師名を確認しないままに会話が始まり，最後まで気がつかぬままでいると，傷病者の収容でトラブルとなったりします．あまりにも当たり前のことなので，「バカにするな!!」と思う読者も多いと思いますが，誰もが一度ぐらいは経験があったり，「あっ！」と思ったことがあるはずです．慌てているとうっかりして予期していないことをしてしまうこともあるので注意しましょう．

名前を名乗る

　連絡の最初には，「○○救急隊です」だけではなく，「○○救急隊の（救急救命士）××です」までしっかりと名乗りましょう．「○○救急隊を代表して××が情報を発信している」ということを明確にすることによって，その情報の信憑性が担保されることにもなります．聞き手の医師の側からすれば，「××救急救命士の情報なら信用できるな」など考えながら聞いているものです．日ごろの勉強の成果を十分に発揮し，はっきりと名前を名乗ることによって医師の信頼を勝ち得てください．

電話の目的を明示する

　医師は情報を聞いている間，「この傷病者の病態は何かな？」，「受け入れは可能かな？」，「ベッドを確保しないとな・・・」などいろいろと思いを巡らしているために，それらを解決するための質問もします．傷病者についてのやり取りを長々と続けた挙げ句，「そこで相談なんですが・・・」と収容依頼ではなく助言を求めることがあります．これでは，聞き手側の医師にしてみれば，「それを先に言えよ！」と思い不機嫌になりかねません．

　したがって，傷病者の情報について伝える前にこの電話が，「傷病者の収容依頼」なのか，「指示，指導・助言を求めている」のか，「医師の現場派遣要請」なのか，「ドクターヘリ要請」なのか，その目的を明確に意思表示しましょう．そうすることにより，会話全体が冗長になるのを防ぐことができ，また医師の誤解や無用な怒りを買うこともないでしょう．

外傷ではMIST，疾病では主訴と現病歴

　傷病者の情報を伝える際には，最初に傷病者の年齢/性別をはっきりさせましょう．ついで，外傷では「MIST」（用語解説p.89）に従って情報を伝えます．JPTECが普及している現在では周知のことですが，JPTEC活動が標準化されていればそれに従うのがもっとも確実な情報伝達方法となります．

　疾病の場合にはまず「主訴」と「現病歴」をはっきりと伝えます．傷病者が複数の症状をあれこれと訴え，

主訴がはっきりしないような場合には，どの症状がもっとも辛いのかを聞けば，それを主訴として取り上げることができます．それでも明確でない時には，むしろ「主訴がはっきりしないのですが」と医師・医療機関に伝えたほうがかえってわかりやすいのです．せっかくしっかり聴取できていても，うまく伝えられなければこのようなやり取りになってしまいます．

会話の例

（医師）
「主訴は何？」

（救急隊員）
「いや…，あの…，それがどうも…（主訴があり過ぎてはっきりしないんだけど…）」

（医師）
「！！（ナンだぁ，主訴もちゃんと聞いてないのかぁ～！イライラ）」

あとは「MIST」に準じて伝えてもよいでしょう．
　収容依頼の場合は，最後に病院到着までの推定時間を示します．

用語解説 ▶ MIST

MIST

年齢 / 性別

M ： 受傷機転　　　（Mechanism）
I ： 損傷部位，程度（Injury）
S ： 症状，症候　　（Sign）
T ： 行った処置　　（Treatment）

病院到着時間

MIST を用いた情報伝達例

20 代男性

M ： オートバイ運転中の単独事故，
　　ガードレールに激突

I ： 右下腿部と顔面に挫創と出血，
　　右腕に痛みと変形あり

S ： ショック状態，気道開通，意識清明，呼吸正常，
　　橈骨動脈で触れにくい，循環は末梢の冷感あり

T ： 高濃度酸素投与，全脊椎固定

約 15 分で病院到着

3 ▶ 2

医療機関は聴取した情報や状況の何を知りたいのか

1）情報を伝える相手はどのような情報を聞きたいのか

　医療機関への連絡の際には，誰と（何の職種の人と）会話をしているのかを意識することが重要です．なぜなら，医療機関への連絡の目的によって，その相手が変わるからです．すなわち，救命救急対応の傷病者の収容依頼やオンライン・メディカルコントロール（オンラインMC）を目的としていれば，医師と直接会話をすることになります．本書では主として対医師を想定していますが，この場合，医師がもっとも関心の高い事柄は傷病者の緊急度・重症度です．後述しますが，医師にとっては「傷病者がショックなど重篤な状態であるのかどうか」が最優先に聞きたい情報であり，詳細なバイタルサインなどは後回しでもよいのです．

　また，多数傷病者事故であれば，何人の傷病者がいて，どのようなトリアージ区分で，医師の現場派遣が必要なのかどうか，がもっとも早く知りたい情報なのです．

　医療機関によってはこのような三次救急医療機関が対応すべき事案であっても，医師が直接に対応しない

場合もあるでしょう（本来，そのようなことはあってはならないはずですが・・・）．豊富な経験を持つ救急隊員であれば，早く医師と会話がしたいと思うでしょうから，そのような場合に最初に電話に対応した看護師や病院事務職員には，「三次救急医療機関での対応事案ですから，すぐに医師に代わってください！」とはっきりと伝えましょう（それでも「まずは話を聞いてから」などと返答するような病院は，初めから緊急度・重症度の高い傷病者の収容依頼などしてはいけないのです）．

　一方，傷病者の緊急度・重症度の低い二次救急医療機関での対応事案の収容依頼であれば，看護師や病院事務職員が電話に対応していることが多くなるでしょう．彼らは救急隊からの情報を医師に伝えなければならないため，どのような情報が必要であるかをある程度は認識しているはずです．相手が看護師であれば医学/医療用語は理解できるはずなのですが，時にはその期待が裏切られることも想定しておかなければなりません．電話の相手が病院事務職員ともなれば，医学/医療用語がそれぞれ何を意味しているかを理解していることはまず期待できませんから，救急隊員はその前提で情報を伝えるという姿勢が必要になります．さらに，傷病者の生年月日や住所，保険の種類，通院歴や自施設のID番号など，医学的な情報とはまったく別な事柄に彼らの関心が向いていることもしばしばです．

【用語解説：聞き間違いやすい医学用語】

　　下顎⇔下脚　　　胸部⇔頬部　　　坐骨⇔鎖骨

会話の例

（救急隊員）
「傷病者の主訴は朝からの頭痛で…」

（事務職員）「はい，では，患者さんは当院の受診歴がありますか？」

（救急隊員）「現在のバイタルサインは…」

（事務職員）「先に生年月日をお願いします」

～～～～～～～～～～～～～～～～～～

（救急隊員）「下腿の開放骨折の疑いです」

（事務職員）「はい，肩の開放骨折ですね」

（救急隊員）「か・た・いです」

（事務職員）「肩，はい，わかりました」

このように電話の相手によっては，彼らの聞きたい情報の優先順位が救急隊員の伝えたい情報と必ずしも一致しないことや，残念ながら誤った情報が伝えられる可能性があることを知っておく必要があるでしょう．

2）医師は何を考えながら救急隊員の情報を聞いているのか

　医師は，救急隊員からの限られた情報のどのポイントで傷病を予測し，現場の状況をどのように想像しているのでしょうか．医師の思考過程を知ることは，適切な情報伝達の一助となることに間違いはないでしょう．ここでは情報の内容から医師が一体何を考えているかを，傷病ごとにいくつかの例を挙げて示します．

外傷では

　外傷においては，JPTECが「MIST」に従って情報を伝えることを推奨しており，JATECがJPTECとの整合性を取っているため，情報の受け手である医師側にも混乱も少ないであろうと予想されます．このような点が，救急隊員や医師の活動を標準化することの利点でしょう．

　ご存じのように，受傷機転によって損傷の部位や程度を推し量ることができます．もっとも単純な項目は「穿通性外傷」か「鈍的外傷」かどうかです．穿通性外傷ならば「成傷器は何か？」，「穿通部位はどこか？」という情報だけでも，医師は傷病者の状態を想像します．

例えば,「銃で撃たれた」と聞けば,「(場所を問わず)外科手術が必要になるな」と考え,「刺された場所は左胸部で「danger zone」にかかっています」と聞けば,「これは,心損傷の可能性が高いぞ」と相当の覚悟を持って初療に当たらねばならないことを察知するのです.

　鈍的外傷であれば,「歩行者かどうか」,「相手の車両の種類は何か」などの情報によって,医師の頭に浮かぶ傷病者のイメージが大きく変化することになります.このように医師はまず受傷機転の内容を聞き,現場の様子を想像し,しかるべき心の準備に入るのです.

　次に聞きたい傷病者情報は「初期評価の結果」です.救急隊員の中には今を以てなお,しばしば意識状態を重視しがちで,意識レベルの伝達ばかりに拘泥する傾向があります.このことは,古くから「意識レベルが悪い＝重症」と捉えてきたことに起因していると推察されるのですが,むしろ意識レベルの低下がなくても重篤なショック状態を呈していることのほうが多いため,この考えにとらわれるのは誤りです.「気道・呼吸の異常」,「ショックの有無」をまず観察し,その結果を伝えることを優先しましょう.これらを先に伝えておけば,医師はその後の救急隊員からの情報を冷静に聞くことができます.しかし,それが行われていないと,救急隊員は自分が伝えたい,けれども医師にとっては優先順位の低いことを話し続け,医師は救急隊員の話をさえぎり,自分の聞きたいことを質問し続けるという,「ちぐはぐな会話」が始まることになるのです.

外傷の初期評価で「ショック状態です」と聞けば，その原因が何であるかに医師の興味は移ります．外傷におけるショックの原因の90％は出血ですから，その部位が「胸部」なのか，「腹部」なのか，「骨盤」なのか，少なくともこの3つに関する全身観察の結果を伝えなければなりません．にもかかわらず，頭部の挫創や四肢の痛みなどについての情報伝達が始まると，医師から「この救急隊員は何も判ってはいないな・・・」と思われ，その後の情報の信頼性を疑われかねません．

胸痛・背部痛では
　連絡を受けた医師が，傷病者の主訴が「胸痛」もしくは「背部痛」と聞いて，真っ先に頭に思い浮かべる疾患は言うまでもなく，急性冠症候群（Acute Coronary Syndrome；ACS）と急性大動脈解離（Acute Aortic Dissection；AAD）であることに疑いはありません．以後は，この疾患を念頭に置きながら救急隊員からの情報を聞くことになるため，医師の知りたい情報は誰であっても一定の方向性を持つことになります．すなわち，ショックの有無，痛みの部位と程度，発症時間，関連する既往歴などです．

　これらの情報を聞きながら，医師は傷病者の緊急度と重症度を推測します．その過程で心臓カテーテル検査や緊急手術の必要性の有無についても思慮を巡らすことになります．その場合は，「循環器内科や胸部外科のスタンバイは可能か？」，「ICUに空きベッドがあるか？」など，スタッフの招集や院内体制をactivateさ

せる必要性を決断しなければならないため，できる限り正確な情報を得たいと考えているのです．

　この方向性を救急隊員も理解していないと後述する「ちぐはぐな会話」が発生することになります．

会話の例

（救急隊員）
「え〜，30分ほど前から続いている胸痛です」

（医師）
「（おっ，AMI［Acute Myocardial Infarction；急性心筋梗塞］かな？）ショック症…」

（救急隊員）
「この方，5年前に尿管結石でそっちの病院にかかったことがあるということで，ID番号は…」

（医師）
「それはいいから，ショック症状はあるの？」

　また，このように胸痛・背部痛に限らず，一般的に傷病者を早く受け入れて欲しいがために，ことさら当該医療機関への受診歴を強調して伝えようとする傾向もあるようですが，これはいけません．

意識障害では

　意識障害の原因は極めて多く，関係する診療科も多岐にわたります．そのために医師はその原因が何に起因するものであるかを，できる限り「根掘り葉掘り」聞き出そうとするかもしれません．

　頭部外傷が明らかである場合，現病歴から脳血管障害であることが強く疑われる場合，周辺の状況から急性薬物中毒であることに疑いのない場合，などでは問題にはなりませんが，時にはすぐに原因が予測できない事案も経験されているでしょう．この際に有用であるのはいわゆる「AIUEO-TIPS」（用語解説p.121）です．情報収集時にこれを念頭に置いておけば，少なくとも医師が必要としている情報は網羅できるに違いありません．是非，復習しておきましょう．

吐血では

　主訴が吐血の傷病者と聞けば，受け入れ側の医師にとっては「内視鏡的止血術の必要性」が最大の関心事となります．もちろん，「ショックの有無」については前述のとおり，もっとも最優先に伝えられるべき情報であることは言うまでもありません．

　内視鏡的止血を行うか否かの判断基準には，ショックの有無とともに，吐血の際の血液の性状と量があります．黒色に近いものであれば現時点で「on going」の出血の可能性は少ないものとみることができ，一方で鮮血や凝血塊がみられれば，今まさに出血が続いていることが予想されます．このような情報を連絡の段階で入手することができれば，消化器内科医や外科医のスタンバイの

必要性にいち早く対応することができるのです．

多数傷病者事案では

　多数傷病者の発生事案の連絡をやり取りする場合が，もっとも救急隊と医師の間の混乱と双方のストレスを招くものです．複数の救急隊が出場している場合には，消防組織内における隊活動の組み立てによって，医師への連絡体制も大きく左右されることになります．

　避けなければならないのは，最初の情報で多数傷病者事案であることを伝えることなく，1つの救急隊が1人の傷病者のみの情報を提供し始めることです．「受傷機転は〜，初期評価は〜」と話し，最後に「他の傷病者にあっては別隊から連絡〜」となれば，医師は「一体，傷病者は何人？」と質問し，結局話が振り出しに戻ってしまいます．

　このような状況では，通信指令室もしくは先着救急隊から第一報として事故概要を連絡し，以後，傷病者数やトリアージ区分に準じて対応しなければなりません．隊活動の基本方針としては，先着救急隊はすぐに傷病者搬送には当たらず，後着救急隊の傷病者搬送全体をコントロールする任に就くべきでしょう．そうすることで現場全体の状況を集約化し，正確な情報を医師に連絡することが可能となり，より早く傷病者を搬送できるのです．

3▶3

ケーススタディ
救急隊員と医師のオンラインでの会話

　この節では，さまざまな症状や状況における救急隊員と医師のオンラインでの会話を2例ずつ掲載し対比しながら解説します．どちらがどのように適切なのか，適切でないのかを考えながら，読み進めてください．

1）胸痛

例1

医師　はい，□□病院　救命救急センターです．

救急隊員　△△救急隊　救急救命士××です．
え～，65歳の女性です～．胸が痛いということで要請がありました．
心電図で，え～，STの上昇がみられます．
収容はいかがですか～？

医師　心筋梗塞の疑いですか？どんな風な痛みですか？

救急隊員　（どんな感じなの？）
胸部の締め付けられるような痛みです．

医師　いつごろからですか？

救急隊員　（えーっと，いつごろから痛いの？）
え～，30分ぐらい前ということです．

医師　他の身体所見はどうですか？

救急隊員　傷病者の状態ですが，
意識は清明，血圧低下・・・．

医師　それってショック状態じゃないの？

救急隊員　えっと，そうです．
ショック状態と思われます．

医師　わかりました．すぐに搬送してください．
何分ぐらいで到着できますか？

救急隊員　20分ぐらいと思います．

例2

医師: はい,□□病院 救命救急センターです.

救急隊員: △△救急隊 救急救命士○○です.
急性心筋梗塞(Acute Myocardial Infarction:AMI)によるショックが疑われる傷病者の収容依頼です.
65歳の女性.主訴は30分前より持続する前胸部の絞扼痛です.

医師: はい,それで?

救急隊員: 呼吸苦と左肩への放散痛も訴えています.現在の状態は意識レベル清明,皮膚の湿潤と冷感ありです.

医師: 他には何かある?

救急隊員: 心電図モニターではⅡ誘導になりますが,STの上昇がみられます.既往歴には高血圧があり,市内のクリニックで投薬を受けています.
収容まで20分ぐすが,受け入れいかがでしょうか?

医師: 徐脈や不整脈はありますか?

救急隊員: いえ,モニター上,徐脈,不整脈のいずれも認めません.

医師: わかりました.すぐに向かってください.

救急隊員: 詳細なバイタルサインについてはセカンドコールします.

例1と例2で第一報時に医師に伝わった情報を整理してみましょう.

	例1	例2
連絡の目的	胸痛事案の収容依頼	(急性心筋梗塞が疑われる) ショック事案の収容依頼
主たる症状	約30分前からの胸痛(締め付けられるような痛み)	30分前より持続する前胸部の絞扼痛, 呼吸苦, 左肩への放散痛
観察所見	意識清明, 血圧低下, ST上昇(心電図), ショック状態	意識清明, 皮膚湿潤と冷感あり, ST上昇(心電図Ⅱ誘導), 徐脈・不整脈なし
関連する既往歴		高血圧

救急隊員が自ら聴取・観察した内容:黒字
医師から聞かれて聴取・観察した内容:赤字

電話連絡の目的の明示

　例1, 2ともに連絡の目的は明示されていますが, 例2では緊急度の高いショック状態であることについても先に医師へ伝えています. また, どのような疾患を疑ったか?についても踏み込んでおり(これについては踏み込み過ぎに注意が必要ですが), よく観察している様子が伺えます.

主訴に専門用語を用いてより的確に

例1では傷病者の主訴を「胸が痛い」と伝えています．「胸が痛い」というのは，傷病者自身の言葉であって，それをそのまま伝えることも時には重要ですが，痛みの性状をよく聴取した上で，「医学的に」主訴を伝えることが望まれます．

一方で，例2では，傷病者の主訴を「30分前より持続する前胸部の絞扼痛」としっかりと伝えています．これは，医師が病態や緊急度・重症度を推測するための情報となり，簡潔に医師が伝えてほしい情報を伝えることができています．「痛み」の性状を「絞扼痛」や「放散痛」，「痛み」の部位を前胸部，といった疾患に関連した専門用語を使用して報告しており，医師にとって傷病者の状態を想像しやすくしています．ただし，傷病者の訴えに必ずしも当てはまる専門用語があるとも限りません．「きっと心筋梗塞だから，この痛みは絞扼痛だな」とか，「たぶん，クモ膜下出血だろうから，頭痛は激しかっただろう」といった先入観にとらわれてしまってはいけません．状況に応じて傷病者が訴えた内容をそのまま（「ギュッと万力で頭を挟みつけられたように痛かった」などと）報告しなければならないこともあるのです．

医師が病態や緊急度・重症度を推測するための情報とは

胸痛事案において，医師へ傷病者の「ショックの有無」，「痛みの部位と程度」，「発症時間」，「関連する既

往歴」を伝えることは緊急度・重症度を伝える上で，非常に重要です．

　例1では，全体に「え〜」とか，医師の質問の都度，傷病者本人に質問をするなど，報告時にその内容を十分に把握できていません．
　収容の可否について，早く確認したいという焦る気持ちは理解できるのですが，医師側は緊急度・重症度を推測するために，まず傷病者の状態を正確に知ることを求めています．
　もっとも重要なことは，傷病者の緊急度・重症度の判断をいち早く行い，それを医師に伝えることです．この会話からは，ショック状態の認識ができていない，あるいは不十分なために，一番重要である緊急度・重症度の判断が遅れてしまっていることがわかります．

　例2では，主訴において医師の伝えてほしい情報を端的に伝えたために，初期評価の内容，付随する所見なども伝えることができています．医師が病態を推測するための情報がすでに提供できているため，ショック以外に心筋梗塞で起こり得る合併症の存在について踏み込んで質問することができています．この点の観察も重要なことです．

　ただし，救急隊員には診断名としての「正解」が求められているわけではありません．この事案では，医師に「心疾患でショック状態」で緊急度・重症度が高いということがきちんと伝わればよいでしょう．

Column　注意！ 実際の事案から

1. 時刻の表現方法

＜胸痛傷病者の搬送時＞

救急隊員 10：00 過ぎになって出現した胸痛です．急性心筋梗塞（AMI）の疑いありです．

医　師 （今は夜の 11：00 だし，朝から続いている胸痛なら AMI は否定的かな？）
大したことなさそうだね……．

救急隊員 えっ？
（結構「新鮮」な感じの胸痛なのに……）

一般的に消防関係者は時刻を 24 時間で表現していますが，時として午前・午後の区別が曖昧になることもあります．一方で，医療関係者もすべて 24 時間で表現しているわけではありません．時刻を伝える際には注意が必要です．

2）頭痛

例3

医師	はい，□□病院　救命救急センターです．
救急隊員	△△救急隊　救急救命士××です． え〜，42歳の男性です〜．頭痛ということで要請がありました．既往歴はありません．収容，いかがですか〜？
医師	脳疾患疑いかな？どんな風な痛みですか？
救急隊員	激しい頭痛ということです．
医師	何をしている時ですか？急な発症なの？
救急隊員	え〜，突然痛くなったとのことです．会議中とのことです．
医師	今の意識レベルは？
救急隊員	ハイ，意識は清明です．
医師	他の神経学的所見はどうですか？
救急隊員	え〜，血圧は測定中ですが，嘔吐が1回ありました．
医師	いやいや，神経学的所見はどうですか？
救急隊員	神経学・・・，あっ，麻痺はありません．
医師	瞳孔所見は？
救急隊員	はい，対光は正常です．
医師	わかりました．病着までどのくらいですか？
救急隊員	約20分です．よろしくお願いします．

例4

医師: はい，□□病院　救命救急センターです．

救急隊員: △△救急隊　救急救命士○○です．脳血管障害が疑われる傷病者の収容依頼です．

42歳の男性．会議中に突然の激しい頭痛を訴え，救急要請されました．現在の意識レベルは清明で，瞳孔は左右ともに3mmで対光反射は正常です．

医師: はい，それで？

救急隊員: その他には特に神経症状*はみられません．頭痛はまったく突然に起こっていて後頭部のものすごい痛みだったと言っています．

医師: 他に何か症状はある？

救急隊員: 救急隊現着までに嘔吐が1回ありました．頭痛はまだ続いています．既往歴は特にないそうです．収容まで20分ですが，受け入れいかがでしょうか？

医師: わかりました．すぐに向かってください．

救急隊員: 詳細なバイタルサインについてはセカンドコールします．

* 神経症状の詳細はp.32参照のこと．

例3と例4で第一報時に医師に伝わった情報を整理してみましょう.

	例3	例4
連絡の目的	頭痛事案の収容依頼	脳血管障害が疑われる事案の収容依頼
主たる症状	会議中に発症した突然の激しい頭痛	会議中に発症した突然の激しい後頭部の頭痛, 症状は現在も継続中.
観察所見	意識清明, 麻痺なし, 対光反射正常, 嘔吐1回あり	意識清明, 瞳孔は左右3mm, 対光反射正常, 神経学的異常所見なし, 嘔吐1回
関連する既往歴	特になし	特になし

救急隊員が自ら聴取・観察した内容:黒字
医師から聞かれて聴取・観察した内容:赤字

電話連絡時は疾病の全体像がわかるように

　頭痛事案において重要なことは,「痛みの性質」,「程度」,「部位」,「発症(持続)時間」などを順序立てて伝えることです.

　例3では傷病者の主訴は「頭痛」ですが, 単に「頭痛です」というだけでは, 緊急度や重症度, どの疾患分類に属するものか, など疾病の全体像がみえてきません.

極端な例ではありますが，曖昧な傷病者情報と，収容の可否を早く知りたいという意図を感じるこの第一声を聞けば，医師はその後の情報に懐疑的にならざるを得ません．いくつかの質問後，傷病者は「会議中に発症した突然の激しい頭痛」を発症していることがようやく医師に伝わった状況であるといえます．

　一方，例4では，頭痛の性状，特徴をよく聴取しており，現病歴の報告から疑われるべき疾患が予測できます．加えて，緊急度の高さも伺い知ることができます．
　このような報告要領であれば，医師が質問を差し挟む余地はないといってもよいでしょう．

情報は正確に把握する技術とそれを正確に伝える技術が重要

　例3では，医師の質問に対して一見，応答しているようですが，答えになっていない部分があります．自分の持っている情報だけしか伝えられないと，このようなやり取りになりかねませんし，時間の浪費になります．

　やり取りの状況からは脳血管疾患が疑われますが，それを裏付けるための観察についても忘れずに報告しなければ，医師は病態も緊急度・重症度も推測できません．

　情報は，正確に把握する技術と，それを正確に伝える技術のふたつが揃って初めて有用なものになります．

特に後者が稚拙であると,せっかくの情報が無駄になる上,何よりも医師の信頼を得ることができません.例3において,「対光」などと格好よく省略して伝えていますが,筆者などは意味を本当に理解しているのか,かえって怪しく感じてしまいます(この場合は「対光反射」).専門用語(医学用語)は正確に使用して伝えましょう.

Column　注意！ 実際の事案から

2. 若年女性の下腹部痛

＜主訴が下腹部痛の若年女性の搬送時＞

救急隊員　現在，妊娠の可能性はありますか？

傷病者　は？あるわけないでしょ！
（……なんなの，この人！いきなり……）

（病院連絡時その旨を報告し，病院到着）

医　師　最近，性交渉をしましたか？

傷病者　はい．

医　師　生理は順調ですか？妊娠の可能性は？

傷病者　2ヵ月前から生理がありません…….

医　師　おい！救急隊！あの傷病者，妊娠の可能性があるじゃない！産科がらみは診られないよ！

救急隊員　（え〜!! さっきちゃんと聞いたのに〜!?）

まぁ，これぐらいのことで怒り出す医師にも問題は多々あるのですが…….
若い女性の下腹部痛の場合，見知らぬ救急隊員からの「妊娠の可能性は？」の問いかけには，なかなか「YES」とは言わないでしょう．特に10代であれば親にも知られたくないと思っている可能性もあり，なおさらです．
若年女性の下腹部痛は，病院選定の段階で内科と産婦人科の診療科がある医療機関を考慮してもよいかもしれません．また，「病院を選ぶ時に必要であるから」ときちんと説明して質問をする，親をいったん救急車の外に出して傷病者と離してから質問をする，などの工夫も役に立つでしょう．

3）呼吸困難

例5

医師　はい，□□病院　救命救急センターです．

救急隊員　△△救急隊　救急救命士××です．

30歳の男性．喘息です．顔面蒼白，呼吸がかなり苦しそうです．収容まで15分ぐらいですが，いかがでしょうか？

医師　はい．収容はOKですが，呼吸が苦しそうってどんな感じなのですか？

救急隊員　1時間ぐらい前から呼吸が苦しいとの内容で救急要請がありました．

医師　それで，現在のバイタルサインは？

救急隊員　意識は清明，呼吸32回，脈拍120，血圧150/88，SpO_2は酸素10 L投与で92％です．

医師　既往に喘息があるのですか？

救急隊員　小児喘息があるそうです．それ以上は会話が困難なために，詳細はわかりません．

医師　そうですか．わかりました．すぐに搬送してください．

例6

医師 はい，□□病院　救命救急センターです．

救急隊員 △△救急隊　救急救命士○○です．
喘息発作の傷病者の収容依頼です．30歳の男性．1時間ぐらい前から呼吸が苦しいとの内容で救急要請がありました．

医師 はい．

救急隊員 傷病者に接触時，顔面蒼白，呼気時に著明な喘鳴を認めています．会話はかろうじてできる程度です．

現在，酸素投与を実施中，胸痛などの他の症状はないそうです．

医師 わかりました．バイタルサインは？

救急隊員 意識清明，呼吸32回，脈拍120，血圧150/88，SpO_2はルームエアーで88％，酸素10L投与で92％です．心電図モニターでは大きな不整はありません．

医師 他には？

救急隊員 既往歴に小児喘息がありますが，ここ何年も発作が起きていないことを家族から聴取しました．

病着まで15分ほどですが，収容はいかがでしょうか？

医師 わかりました．すぐに向かってください．

救急隊員 詳細なバイタルサインについてはセカンドコールします．

例5と例6で第一報時に医師に伝わった情報を整理してみましょう.

	例5	例6
連絡の目的	喘息発作事案の収容依頼	喘息発作事案の収容依頼
主たる症状	約1時間前からの呼吸苦	約1時間前からの呼吸苦
観察所見	顔面蒼白, 意識清明, 呼吸32回/分, 脈拍120回/分, 血圧150/88 mmHg, SpO₂ 92%(酸素10 L投与, ルームエアーは不明), 会話が困難	顔面蒼白, 呼気時に著明な喘鳴あり, 意識清明, 呼吸32回/分, 脈拍120回/分, 血圧150/88 mmHg, SpO₂ 92%(酸素10 L投与, ルームエアー88%), 大きな不整なし, 胸痛なし, かろうじて会話ができる程度
関連する既往歴	小児喘息	小児喘息

救急隊員が自ら聴取・観察した内容:黒字
医師から聞かれて聴取・観察した内容:赤字

現場の状況を想像できる情報を

　例5, 6ともに傷病者は「喘息発作」であることは医師に伝わっています. 呼吸困難は傷病者の訴えも強く, できるだけ早く搬送先を決定したいところです. そんな時こそ, 呼吸困難の原因を特定できそうな情報を, 冷静に聴取し, 伝えることが肝要です.

例5のように単に「呼吸が苦しそう」では，医師には現場の状況が伝わりません．例6の「1時間くらい前から呼吸が苦しい」，「呼気時に著明な喘鳴を認める」に比べて，明らかに伝えている情報量に乏しいことがわかります．それよりも後半の会話のように「会話が困難」と伝えれば，それだけで呼吸困難の状況が伝わります．また，そばに家族などがいない時は，それ以上の情報を傷病者から得ることが難しいことを示します．医師との無駄なやり取りを回避するためにも，この情報は早い段階で伝えておくべきでしょう．

　例6は，傷病者の状態がホットラインを通して，手に取るようにわかります．この報告では，心不全か，気管支喘息か，など呼吸困難の原因は不明ですが，このような報告であれば，少なくとも切迫した現場で，医師がこれ以上質問することもなく，「すぐに搬送してください」と，迷わず指示が出せます．

医師が病態や緊急度・重症度を推測するための情報とは

　呼吸困難の事案では，「痛み」の事案と同じく，呼吸状態の性状を観察し，また呼吸困難を来す疾患についての既往歴や特徴的な症状について報告しましょう．

　これらを伝えることで，医師は呼吸困難の原因を推測し，治療の準備を開始することができます．

4）意識障害

例7

医師 はい，□□病院　救命救急センターです．

救急隊員 △△救急隊　救急救命士××です．

55歳の男性です〜．脈拍50，血圧158/90，呼吸はいびき様で10回，SpO$_2$はルームエアーで93，高濃度酸素投与で99で，意識レベルはJCS（Japan Coma Scale）で100です．

医師 えっ!? その患者さんの主訴は何ですか？

救急隊員 はい，意識障害です．

医師 どんな状況なの？

救急隊員 自宅のリビングで倒れているのを奥さんが発見したそうです．

医師 他に何か症状はありますか？

救急隊員 左の麻痺があるみたいです．

医師 それだけ？

救急隊員 （他に何かある？）
眼球の右の共同偏視あり，対光なしです．

医師 倒れてから発見までの時間はどのくらいですか？あと，既往歴は？

救急隊員 （奥さん，倒れてから発見までの時間わかる？）1時間前に奥さんが元気でいる所を確認しています．発見までの間は約40分程度と思われます．既往は特にないそうです．

医師 わかりました．すぐに搬送してください．何分ぐらいで到着できますか？

救急隊員 20分ぐらいと思います．

例8

医師 はい，□□病院　救命救急センターです．

救急隊員 △△救急隊　救急救命士○○です．

意識障害の（傷病者の）収容依頼です．55歳の男性で，自宅のリビングで倒れているところを家人に発見されて，救急要請がありました．

医師 はい．

救急隊員 左半身に麻痺がみられます．眼球の右への共同偏視があり，対光反射はありません．

医師 バイタルはどう？

救急隊員 現在のバイタルサインですが，意識レベルJCSで100，脈拍50，血圧158/90，呼吸はいびき様で10回，SpO_2はルームエアーで93％，高濃度酸素投与で99％です．

医師 Af（Atrial fibrillation：心房細動）でもあるの？

救急隊員 心電図モニター上，不整脈はありません．

医師 倒れてから発見までの時間はどのくらい？

救急隊員 1時間前に奥さんが元気でいる所を確認しています．発見までの間は約40分程度と思われます．
あっ，あと既往歴は特にないそうです．

医師 わかりました．すぐに向かってください．

救急隊員 詳細なバイタルサインについてはセカンドコールします．

例7と例8で第一報時に医師に伝わった情報を整理してみましょう.

	例7	例8
連絡の目的	ー	意識障害傷病者の収容要請
主たる症状	意識障害（自宅リビングで発見）	意識障害（自宅リビングで発見）
観察所見	左半身に麻痺可能性あり？, 眼球の右への共同偏視あり, 対光反射なし, 意識レベルJCS 100, 脈拍50回/分, 血圧158/90 mmHg, いびき様の呼吸10回/分, SpO_2 93 %（ルームエアー, 高濃度酸素投与：99%）	左半身に麻痺あり, 眼球の右への共同偏視あり, 対光反射なし, 意識レベルJCS100, 脈拍50回/分, 血圧158/90 mmHg, いびき様の呼吸10回/分, SpO_2 93%（ルームエアー, 高濃度酸素投与：99%）, 不整脈なし
関連する既往歴	特になし	特になし
その他	発見までの時間約40分	発見までの時間約40分

救急隊員が自ら聴取・観察した内容：黒字
医師から聞かれて聴取・観察した内容：赤字

バイタルサインの伝達イコール主訴にはならない

　例7では，第一報時に（取って付けたように）JCSによる意識レベルを報告しています．JCSによる意識レベルが100だから,それで主訴が意識障害である

ことを伝えているつもりなのだと思います．しかし，これでは医師は意識障害があることはわかりますが，主訴が意識障害なのかは判断できません．

JCSを用いた意識レベルの報告は，あくまでもバイタルサインの一部であって，傷病者の「主訴」を伝えていることにはなりませんので注意しましょう．

医師が病態や緊急度・重症度を推測するための情報とは

意識障害の原因は多彩です．何が原因なのか，大まかにでも特定できるような，周辺の状況や傷病者の観察所見をきちんと整理して伝えましょう．原因が不明な場合は「AIUEO-TIPS」に基づいて伝えることで，医師の知りたい情報は網羅できるはずです．ただし時間をかけることは禁物です．

傷病者と救急隊のいる現状がどのようなものか，あたかも医師がその現場にいるように伝えることで，よりリアルタイムの指示や助言が得られることでしょう．

例7の内容では，医師は傷病者の状態は想像できても，その病態を想像することは不可能です．医師の質問のたびに，関係者から状況を聞き出したり，別の隊員に観察所見を確認したりしているようではいけません．先に聴取し，整理しておきましょう．

伝わった情報の対比表（観察所見）ではどちらの例も同じようですが，例7に比べて例8では自分の観察

した情報を手際よく伝えています．結果的に短時間でやり取りを終了できることがわかると思います．

　意識障害に限らず，一般的にまず，傷病者の「主訴」やオンラインでコールした「目的」を明示してください．続いて，観察所見，バイタルサインや機器から得られる情報，既往歴なども忘れずに提供しましょう．

　これらの情報提供の順番に特別な決まりはありませんが，傷病者の病態に応じて優先順位を判断します．
　例えば，緊急度・重症度が高ければ，バイタルサインが優先されます．病態の原因の検索に有用な既往歴情報があれば，そちらが優先されることもあります．

用語解説 ▶ AIUEO-TIPS

AIUEO-TIPS

- A： Alcohol
- I： Insulin
- U： Uremia
- E： Encephalopathy, Endocrine, Electrolytes
- O： Oxygen, Overdose
- T： Trauma, Temperature
- I： Infection
- P： Psychiatric
- S： Stroke / SAH, Shock

5）腹痛

	例9
医　師	はい，□□病院　救命救急センターです．
救急隊員	△△救急隊　救急救命士××です． 75歳の女性で，腹痛です．え〜，この方，本日の午前中からお腹が痛いそうで〜，今もずっと痛いそうです．既往歴にあっては3年前に筋腫でオペをやっていて，今は近くの開業医から薬をもらっているそうです．
医　師	お腹はどこがどんな風に痛いと言っていますか？
救急隊員	えーっと，これは下腹部ですね．圧すと痛みを訴えます．なお，もらっている薬は血液が固まりにくくなる薬ということです．
医　師	心筋梗塞か何かの既往があるの？
救急隊員	いえ，心筋梗塞はないそうです〜．
医　師	お腹の痛みはどんな感じの痛みですか？
救急隊員	どんな感じというと・・・？ （ねぇ，奥さん，どんな感じの痛み？） 朝からずっと痛いそうです．
医　師	バイタルサインは？
救急隊員	意識は清明，脈拍88で不整です．血圧は158/90，呼吸は1分間に12回，SpO_2はルームエアーで98％です．
医　師	えっ？不整脈があるの？
救急隊員	はい，あります．
医　師	どんな不整脈？
救急隊員	えっと・・・，（おい，これなんだろ？） はっきりわからないんですが，たぶん・・・．
医　師	心房細動？
救急隊員	はい，そうだと思います．
医　師	わかりました．こっちに向かってください．

例10

医師　はい，□□病院　救命救急センターです．

救急隊員　△△救急隊　救急救命士○○です．

急性腹症の傷病者の収容依頼です．

75歳の女性で，主訴は本日午前中より持続する腹痛です．下腹部を中心とした痛みで，性状は持続する鈍痛だそうです．

医師　はい．

救急隊員　嘔吐や下痢などの症状はありません．触診で下腹部に圧痛がありますが，筋性防御は認めません．

医師　はい，現在のバイタルサインは？

救急隊員　意識は清明，脈拍88で不整，血圧158/90，呼吸は1分間に12回，SpO_2はルームエアーで98％です．心電図モニターは基線が安定しないのですが，たぶんAfです．

医師　Af・・・．他に既往歴は？

救急隊員　3年前に子宮筋腫の手術をしたそうです．また，心房細動があり，近くの開業医さんから血液が固まりにくくなる薬をもらって飲んでいるということです．

医師　収容まではどのくらい？

救急隊員　収容まで15分ぐらいですが，受け入れいかがでしょうか？

医師　わかりました．すぐに向かってください．

例9と例10で第一報時に医師に伝わった情報を整理してみましょう．

	例9	例10
連絡の目的	ー	急性腹症傷病者の収容依頼
主たる症状	午前中から持続する下腹痛	午前中から持続する下腹部の鈍痛
観察所見	意識清明，脈拍88回/分，不整（心房細動[Af]の疑い？），血圧158/90 mmHg，呼吸数12回/分，SpO₂ 98%（ルームエアー），抗凝固薬服用中，触診で圧痛あり	意識清明，脈拍88回/分，不整（心房細動[Af]の疑い），血圧158/90 mmHg，呼吸数12回/分，SpO₂ 98%（ルームエアー），抗凝固薬服用中，筋性防御なし，触診で圧痛あり，嘔吐・下痢なし
関連する既往歴	3年前に筋腫手術あり	3年前に筋腫手術あり，心房細動

救急隊が自ら聴取・観察した内容：黒字
医師から聞かれて聴取・観察した内容：赤字

電話連絡の目的を明示

例10は「急性腹症傷病者の収容依頼」とはっきり伝えていますが，例9では電話連絡の目的が明示されていません．収容依頼なのか，助言を求めたいのか，などを最初に明示しましょう．

主訴に専門用語を用いてより的確に

例9では「午前中からお腹が痛い」，「下腹部」，「圧

すと痛い」，例10では「午前中から持続する下腹部の鈍痛」と伝えています．例9,10ともに医師に主訴は伝わっていると思われます．

　しかし，医師へ現場の状況をより的確に伝えるためには，キーワードをバラバラと伝えるのではなく，専門用語を用いてまとめると伝わりやすくなるでしょう．

医師が病態や緊急度・重症度を
推測するための情報とは

　胸痛や頭痛の項でも示したように，「腹痛の具体的な性質」，「程度」，「部位」，「発症（持続）時間」など，「痛みのキャラクター」について，報告することが大切です．

　急性腹症事案の場合，医師は腹痛の部位により疾患を推測し，バイタルサインや腹膜刺激症状の有無（特に筋性防御の有無）によって緊急度を判断し，治療方法を絞り込んでいきます．もちろん第一報の段階でここまで考える必要はありませんが，少なくとも「痛みのキャラクター」，「バイタルサイン」，「腹部身体所見」は第一報時に伝える必要があります．

　腹痛の原因も実にさまざまです．緊急度・重症度の高い疾患から順に考えて，それに応じた情報の伝達をすることが，時間をかけずにすむコツです．

伝える情報の優先順位を整理

　前述のように腹痛事案では「痛みのキャラクター」を伝えることが重要です．

　例9では，医師は「痛み」について質問していますが，救急隊員の返答によって既往歴についてのやり取りに移ってしまっています．しかしこれでは痛みに関する情報が少な過ぎて，傷病者の病態を把握できていないため，医師が再度「痛み」についての質問に戻しています．

　このように，オンラインでの会話の内容があちこちに飛んでしまうと，無駄な時間がかかるだけです．
　結局は，不整脈（おそらく心房細動[Af]）のために抗凝固薬を服用していることが判明します．もしかすると心房細動に起因する腸間膜動脈血栓症が腹痛の原因である可能性もあり，そうであれば，緊急度・重症度は格段に高くなります．

　心房細動がわからない救急救命士はいないと思いますが，心電図モニターは，基線が揺れたりすると波形やリズムがはっきりしなくなりますので，注意が必要です．

　例10は例9と対照的に，「痛みのキャラクター」がよく伝わる報告例です．「鈍痛」や「疝痛」は「痛みのキャラクター」として医師が病態を推測していく上で重要なキーワードとなりますので，聴取できている

のであれば，医師に伝えなければなりません．そして身体所見も同時に伝えることができています．

　既往歴の心房細動と抗凝固薬の内服という情報がつながり，これを聞けば医師は，腹痛の原因として血管性病変（腸間膜動脈血栓症）が思い浮かびます．報告内容から，緊急度・重症度の高い疾患が疑われるため，医師も相応の準備をして到着を待っていてくれることでしょう．このような報告であれば，医師にとっては傷病者の病態が容易に想像でき，病院到着までの間に腹痛を来す多くの疾患から鑑別診断を絞り込み，検査計画を立てることが可能になります．

6) 小児（痙れん）

例11

医師 はい，□□病院　救命救急センターです．

救急隊員 △△救急隊　救急救命士××です．

え〜，3歳の男の子，自宅の寝室で痙れんしているのを発見されての救急要請です．意識レベルJCS 300，脈拍130，SpO_2 ルームエアーで90％，酸素10 L投与で94％，体温は39度8分です．

医師 どんな痙れんですか？

救急隊員 あっ，間代性の痙れんです．

医師 今，痙れんは治まっているの？

救急隊員 えーっと，はい，今は治まっていま・・・，いえ，今も続いていて，10分以上続いています．

医師 あっ，今も痙れんしてるのね？気道は大丈夫？開通している？

救急隊員 はい，呼吸は大丈夫です．

医師 痙れんは初めてなの？

救急隊員 （お母さん，痙れんしたのは初めて？）
はい，初めてということです．

医師 発熱は何時から？

救急隊員 （お母さん，熱はいつごろから出てるの？）
2日前より38度以上の発熱が続いていて，近医を受診しています．

医師 既往歴はありますか？

救急隊員 特にないとのことです．

医師 収容までの時間は？

救急隊員 10分くらいと思います．

医師 はい，どうぞ．

例12

医師 はい，□□病院　救命救急センターです．

救急隊員 △△救急隊　救急救命士○○です．

痙れんの子供の収容依頼です．3歳の男の子，自宅の寝室で痙れんしているのを発見されて救急要請です．

医師 小児の痙れんね．はい．

救急隊員 2日前より38度以上の発熱が続き，近医を受診していますが，風邪で様子をみてくださいと言われていたそうです．

医師 はい，それで？

救急隊員 現在も間代性で全身性の痙れんが続いていて，時間は約10分以上と思われます．なお，痙れんは今回が初めてだそうです．

医師 はい．

救急隊員 バイタルサインを送ります．意識レベルJCSで300，脈拍130，呼吸数は20，SpO_2 ルムエアーで90％，酸素10 L投与で94％まで上昇，体温は鼓膜で39度8分です．既往歴などはありません．

医師 収容まで何分？

救急隊員 収容まで10分くらいですが，受け入れいかがでしょうか？

医師 わかりました．気道の確保と呼吸状態に注意して搬送してください．

例11と例12で第一報時に医師に伝わった情報を整理してみましょう．

	例11	例12
連絡の目的	－	痙れんの子供の収容依頼
主たる症状	現在も継続している間代性の痙れん	現在も継続している全身性で間代性の痙れん
観察所見	気道開通，意識レベルJCS300，脈拍130回/分，SpO$_2$ 90%（ルームエアー，酸素10 L投与：94%），体温39度8分，痙れんの持続時間は約10分以上，初回の痙れん	意識レベルJCS 300，脈拍130回/分，呼吸数20回/分，SpO$_2$ 90%（ルームエアー，酸素10 L投与：94%），体温（鼓膜）39度8分，痙れんの持続時間は約10分以上，初回の痙れん
関連する既往歴	風邪で近医受診（2日前より38度以上の発熱あり），その他は特になし	風邪で近医受診経過観察中（2日前より38度以上の発熱あり），その他は特になし

救急隊員が自ら聴取・観察した内容：黒字
医師から聞かれて聴取・観察した内容：赤字

痙れん事案では現場で まず気道の開通状況の確認を

　小児の痙れんで重要なことは，「気道の開通状況」です．小児の痙れん事案では，医師もその点がもっとも気になるところです．各地域のメディカルコント

ロール（MC）協議会によってプロトコルがあると思いますが，現場で気道の開通状況を確認して医師へ伝えましょう．

痙れんの事案で医師が病態や緊急度・重症度を推測できる情報とは

　痙れんの事案においては，現場で判断することは難しい場合もありますが，「痙れんの継続があるかどうか」とともに，傷病者の「年齢」，「痙れんの種類」，「持続時間」の情報を医師へ伝えることが大切です．これらはその後の診療に際し，大変に重要な情報なのです．

　例11は「現在も継続している痙れん」，例12では「現在も継続している全身性で間代性の痙れん」と伝えています．年齢と痙れんの種類を詳しく医師へ伝えることは，医師が痙れんの原因を推測する上で大切な情報となります．

　例12は上記の内容がすべて伝わる報告であると思います．決して一方的にまくしたてることなく，主訴，現病歴，観察所見，既往歴など項目ごとにまとめて話すようにしましょう．

　また小児の疾患では，痙れんに限らず「既往歴の有無」が大変重要になります．冗長に医師との質疑応答を繰り返すのではなく，必要事項をきちんと聴取しておくことが，時間の短縮につながります．

7）薬物中毒

例13

医師 はい，□□病院 救命救急センターです．

救急隊員 △△救急隊 救急救命士××です．急病者1名をお願いします．
32歳の女性，この方の友達がですね，電話をしていたら薬を飲んだと言われたということで救急要請がありました．

この方，うつ病で3年前から栃木県の病院にかかりつけで，半年前にこちらに引っ越してきてですね，自宅近くのクリニックに移って，そこでもらっている薬を飲んだということらしいです．
家族の希望で電話したんですが，収容よろしいでしょうか？

医師 何の薬をどのくらい飲んだのかわかりますか？

救急隊員 チョット待ってください．部屋が散らかっててですね・・・，たぶん精神系の薬で，薬の殻がたくさんあります．

医師 飲んだ時間はいつごろ？

救急隊員 誰も見ていないのですが，電話していた時で約1時間ぐらい前です．
既往歴はうつ病で，栃木の病院にかかりつけだったんですが，半年前から自宅近くのクリニックに通っているそうです．

医師 現在の病態は？

救急隊員 傷病者の状態ですが，意識レベルはJCSで200，呼吸はいびき様で1分間に10回程度，嘔吐ありです．

医師 わかりました．すぐに搬送してください．何分ぐらいで到着できますか？

救急隊員 10分ぐらいと思います．え〜，傷病者の生年月日は・・・．

医師 それは後でいいから，すぐに搬送を始めてください．

例14

医師 はい，□□病院　救命救急センターです．

救急隊員 △△救急隊　救急救命士○○です．

大量服薬の傷病者の収容依頼です．32歳の女性，自宅近くのメンタルクリニックから処方されている睡眠薬，精神安定剤を合わせて約50錠ほどを，約1時間前に服用した模様です．

医師 50錠・・・．はい，それで？

救急隊員 家族がいるのですが目撃はしていないとのことです．友人が「薬をたくさん飲んだ」という本人からの電話を受けて，心配になって救急要請をしたものです．

医師 オーケー．バイタルは？

救急隊員 現在の状態は意識レベルがJCSで200，呼吸はいびき様で1分間に10回程度，嘔吐があり吐物に錠剤の痕跡がみられます．既往歴はうつ病のようです．部屋にあった薬の殻を持参します．

医師 気道は開通していますか？

救急隊員 やや舌根が沈下気味なので，用手で気道確保を実施中です．

医師 わかりました．すぐに向かってください．病着までどのくらいかかりますか？

救急隊員 約10分程度です．

詳細なバイタルサインや傷病者の情報についてはセカンドコールします．

例13と例14で第一報時に医師に伝わった情報を整理してみましょう．

	例13	例14
連絡の目的	大量服薬傷病者の収容依頼	大量服薬傷病者の収容依頼
主たる症状	薬物の大量服薬	薬物の大量服薬
観察所見	意識レベルJCS 200，いびき様の呼吸10回/分程度，嘔吐あり，精神系薬物を約1時間前にたくさん服用	意識レベルJCS 200，いびき様の呼吸10回/分程度，嘔吐あり（吐物に錠剤痕跡あり），やや舌根沈下気味のため用手気道確保，睡眠薬，精神安定剤を約1時間前に50錠ほど服用，薬剤の包装を入手
関連する既往歴	うつ病（3年前より通院中）	うつ病（現在通院中）
その他	病院選定は家族の希望	―

救急隊員が自ら聴取・観察した内容：黒字
医師から聞かれて聴取・観察した内容：赤字

伝える情報の優先順位を整理

　例13，14ともに主訴が「大量服薬による薬物中毒傷病者の収容依頼」とわかります．

　例13では電話の冒頭で，栃木県の病院の話や傷病者の友人からの通報という参考的な内容に重きが置かれていますが，これらは情報の重要度が低く，肝心な傷病者の病態には一切触れられていません．

このような傷病者は背景が複雑で，既往歴も長いことが多く見受けられますが，それにとらわれてそれほど重要でない情報を冗長に話すことは避けなければなりません．

　聴取した病歴を端的にまとめて，必要な情報のみを的確に伝えることが大切です．手元に残った付加的な情報は病院到着後に医師に伝えればよいでしょう．

　生年月日など，本来，緊急で伝える内容ではありません．まず搬送を優先すべきであり，事務的情報は搬送中でも伝達可能です．

　現場の情報をその病態において重要な事項なのか，参考的なものなのかをしっかり整理して，現場を見ていない医師にも伝わるよう，見たままをバラバラ伝えるのではなく，話に一定の方向性を持たせるようにしましょう．

大量服薬事案で医師が
病態や緊急度・重症度を推測できる情報とは

　薬物の大量服薬の事案では，何をどのくらい服用したのかという情報が重要になります．
　また，それに至るまでの背景も重要ですが，同時に，意識状態と気道の開通の有無の確認も忘れてはなりません．
　例13のように参考的な情報を何度も繰り返すことは時間の無駄です．それよりも「（舌根が沈下気味の

ために）呼吸がいびき様である」という情報のほうが大切です．最後にやっと緊急度・重症度の判断に至っています．もっと早い段階でこの情報を伝えるべきです．

　例14で，吐物の性状を観察しているところは，服用後の時間経過を推測できるため，評価できます．服用薬剤の情報も重要ですので，部屋の中の探索も必要です．
　また，きちんと気道の開通状況にも配慮していることが伺え，医師も安心して対応できます．

Column　注意！ 実際の事案から

3. 精神疾患の有無

＜動悸を訴えた傷病者の搬送時＞

救急隊員　現在，病院に通院したり，今までにかかった病気はありますか？

傷病者　特にありません．

（病院連絡時その旨を報告し，病院到着）

医　師　現在，どこか病院に通院していますか？

傷病者　今，うつ病で□□病院に通院しています．

医　師　（え？聞いてないぞ!!）

医　師　救急隊！あの患者，精神疾患の既往があるじゃないか！ちゃんと聴取しろ！

救急隊員　‥‥‥（だって‥‥‥）．

精神疾患に関する既往歴や自損歴については，病院到着時まで言わないようにしている傷病者（家族）もいます．そのため医師から，連絡時と違うと叱責されることを多くの救急隊員が経験していると思います．
精神疾患のある傷病者にとっては，自らの既往歴などを他者に話をすることをためらう場合が考えられます．救急車内に関係者（家族，友人，同僚など）が同乗していると，その場では話しづらいこともあるでしょう．病歴の聴取時には，傷病者のプライバシーを守るよう対応しましょう．

8) 外傷

| | 例15 |

医師　はい，□□病院　救命救急センターです．

救急隊員　△△救急隊　救急救命士××です．

え〜，交通事故の傷病者です．オートバイの事故で高エネルギーです．
負傷者は男性，右の下腿部からと顔面に挫創，それから右の腕が痛いと言っています．変形もあります．

ロー＆ゴーで，収容，よろしいでしょうか？

医師　（？？ロード＆ゴーのことかな？）
事故概要やショックの有無は？

救急隊員　あっ，負傷者は1名で，概要はオートバイの単独事故で，ガードレールに衝突した事故です．年齢は20歳ぐらい，現在，ショック状態です．

医師　ショック状態の判断は何からですか？

救急隊員　えーっと，呼吸は正常，左右差はありません．橈骨で弱いです．

医師　体幹部の損傷はどうですか？

救急隊員　今，診ているところです．

医師　意識レベルは？

救急隊員　え〜，意識にあっては1桁です．

医師　わかりました．すぐに搬送してください．何分ぐらいで到着できますか？

救急隊員　15分ぐらいと思います．

例16

医師　はい，□□病院　救命救急センターです．

救急隊員　△△救急隊　救急救命士○○です．

外傷者1名の収容依頼です．オートバイが単独でガードレールに衝突した事故で，負傷者は20歳ぐらいの男性です．

医師　はい．

救急隊員　初期評価では，気道は開通，呼吸は正常，循環は末梢の冷感があり，橈骨動脈がやや触れにくいです．意識レベル1桁，命令には応じます．ショック状態，ロード＆ゴーの判断です．

医師　了解です．続けて．

救急隊員　全身観察で，呼吸音左右差無し，腹部に強い圧痛を認めます．骨盤の圧痛や動揺性はありません．現在，高濃度酸素投与，全脊椎固定を行っています．病院到着まで約15分です．

医師　わかりました．状態に変化があったら連絡願います．

救急隊員　詳細なバイタルサインは，搬送開始後に送ります．

例15と例16で第一報時に医師に伝わった情報を整理してみましょう．

	例15	例16
連絡の目的	交通事故傷病者の収容依頼	交通事故傷病者1人の収容依頼
M (受傷機転)	オートバイの単独事故でガードレールに衝突，交通事故による高エネルギー事故	オートバイの単独事故でガードレールに衝突，交通事故による高エネルギー事故
I (損傷部位，程度)	右下腿部・顔面に挫創，右腕に痛み・変形あり	腹部に強い圧痛あり，骨盤の圧痛・動揺性なし
S (症状，症候)	ショック状態，意識レベル1桁，呼吸正常，呼吸音左右差なし，橈骨動脈で弱い，体幹部は確認中	ショック状態，気道開通，意識レベル1桁（命令には応じる），呼吸正常，末梢の冷感あり，橈骨動脈でやや触れにくい，呼吸音左右差なし
T (行った処置)	—	高濃度酸素投与，全脊椎固定
病院到着時間	約15分	約15分

救急隊員が自ら聴取・観察した内容：黒字
医師から聞かれて聴取・観察した内容：赤字

外傷事案の電話連絡時には
最初に多発傷病者か単独かを明示

　例15，16ともに「交通事故傷病者の収容依頼」と伝えています．医師は交通事故と連絡を受けた場合，傷病者が何人いるのかを知りたいはずです．例16のように最初に負傷者は1人と伝えることで，医師も話の途中で遮ることなく連絡を聞いてくれるでしょう．

外傷ではJPTECに基づいて
MISTによる病院連絡を

　例15，16ともに「交通事故による高エネルギー事故，ショック状態，ロード＆ゴーの適応」ということは伝わります．

　しかし，例15ではロード＆ゴーの適応である理由を整理して伝えることができていないことがわかります．

　JPTECにおける重要なキーワードを並べてはいますが，生命にかかわる損傷ではなく，四肢などの目に付く情報ばかりを初めに伝えているのは，誤りです．

　しかも，医師から質問されて，ようやく生命にかかわる情報が出てくるようでは，まったくお粗末と言わざるを得ません．

　ショック状態の認識はできているようですが，その原因がどこにあるのかを体系的に認識していないことがわかります．JPTECをしっかり習得していないと，いつまでもこのような報告しかできないでしょう．

　また，用語が間違っています．「高エネルギー」→「高エネルギー事故」，「ロー＆ゴー」→「ロード＆ゴー」

など，曖昧で，誤った言葉を使用しているだけで，JPTECをうわべだけでしか習得していないと判断されてしまいます．これでは医師の信頼を得ることはできません．

　JPTECの活動の基本に立ち返り，病態の報告で伝えなければならないことについて整理し，例15と例16の違いを読み比べてみてください．

外傷事案で医師が病態や緊急度・重症度を推測できる情報とは

　外傷ではJPTECという活動の基本が存在します．病態の報告にあってもその基本に忠実であるべきです．JPTECでは「MIST」による病院連絡を学びます．「MIST」の連絡内容とは，言い換えれば「状況評価」，「初期評価」，「全身観察」，「ショック状態の有無」と「ロード＆ゴーの適応の理由」を伝えることと同じです．

　ここで何よりも重要なのは，「ロード＆ゴーの適応であること」，「ショックの有無」，「体幹部の損傷の可能性があるか」の3点をきちんと伝えることなのです．

Column　　注意！ 実際の事案から

4. 女性との接し方

＜高齢女性傷病者の搬送時＞

救急隊員 おばあちゃん，どこが痛いの？

傷病者 （なんなの！ 失礼ね！ この人！）

救急隊員 おばあちゃん，どこが痛いの？

傷病者 ……．

救急隊員 （あれ？なんで話してくれないんだ？？？）

（病院到着）

医　師 ○○さん，どうしましたか？

傷病者 はい．急に頭が痛くなってしまって……．

救急隊員 （えっ～！なんで医師だと話すんだよ～）

高齢の女性の場合，自分はまだ若いと思っている方もたくさんいます．親しみを込めたつもりで「おばあちゃん」と呼びかけても，相手にとっては「なんて失礼な人」ととられることもあり得ます．相手にもよりますが，高齢の女性に話しかける際には，苗字で話しかけるなど配慮する必要があるでしょう．

9) 多数傷病者発生事案

例17

医師	はい，□□病院　救命救急センターです．
救急隊員	△△救急隊　救急救命士××です． え～，交通事故の傷病者です．ワゴン車の横転事故，30歳の男性，初期評価で気道開通，呼吸は浅く速い，循環は皮膚の湿潤はありませんが，橈骨動脈が触れにくいです．意識は清明です．右の呼吸音がやや弱いように感じます．腹部・骨盤には異常ありません．
医師	ロード＆ゴーですね．了解しました．搬送してください．
救急隊員	それとですね，あと何人受け入れ可能でしょうか？
医師	まだ傷病者がいるんですか？
救急隊員	全部で5人・・・，いや6人です．
医師	トリアージはどうなってるの？
救急隊員	え～，ちょっと，こっちではわからないんですが～．
医師	どんな事故なの？
救急隊員	4tトラックとワゴン車の正面衝突事故で，ワゴン車に乗っていた6名の負傷です．
医師	赤はあと何人？
救急隊員	(お～い，赤は何人いるかだって，1人？あとは？なし？) 赤はあと1名です．
医師	そっちの状況はどんなですか？
救急隊員	ちょっとわからないんで，担当の隊から連絡をさせます．
医師	わかりました．とりあえずそっちは現発してください．何分ぐらいですか？
救急隊員	10分程度です．よろしくお願いします．

例18

医師 はい，□□病院　救命救急センターです．

救急隊員 △△救急隊　救急救命士○○です．
多数傷病者の発生事案です．４tトラックとワゴン車の正面衝突事故で，横転したワゴン車に乗っていた６名が受傷しました．

医師 はい．

救急隊員 救急隊現着時の初期トリアージでは，赤２名，黄色１名，緑３名です．

医師 赤２名の状態は？

救急隊員 １名は30歳の男性，初期評価にあっては気道開通，呼吸は浅く速い，循環については皮膚の湿潤はありませんが，橈骨動脈が触れにくい状態です．意識は清明です．

医師 全身観察は？

救急隊員 右胸部に強い圧痛を訴えており，右の呼吸音がやや弱いように感じます．腹部・骨盤に異常ありません．

医師 もう１人のほうは？

救急隊員 もう１名は40歳ぐらいの男性，気道は開通，呼吸・循環ともに正常ですが，意識状態がJCSで100，右側頭部に大きな挫創があり活動性出血に対して圧迫止血を行っています．

医師 黄色の１名は？

救急隊員 こちらの方は20歳ぐらいの女性で，ショックなし，意識は清明で，体幹部にも異常なし，下腿骨骨折のみと思われます．

医師 了解しました．赤の患者２名の受け入れOKです．

救急隊員 １名は▲▲救急が，もう１名を★★救急が搬送します．いずれも病着までに約10分程度です．残りはあと２隊の応援で対応します．よろしくお願いします．

医師 黄色と緑は近隣の病院で対応してください．黄色の病態の変化に注意するように伝えてくださいね．

例17と例18で第一報時に医師に伝わった情報を整理してみましょう．

	例17		
年齢/性別	30歳，男性（他5，6人傷病者がいる見込み）		
連絡の目的	交通事故傷病者の収容依頼		
M（受傷機転）	4tトラックとワゴン車の正面衝突事故でワゴン車横転（高エネルギー事故），多数傷病者		
	赤 30歳，男性	赤 年齢，性別不明	その他負傷者 ※詳細不明
I（損傷部位, 程度）	腹部・骨盤に異常なし	―	―
S（症状, 症候）	気道開通，意識清明，呼吸浅く速い，皮膚湿潤なし，橈骨動脈で触れにくい，呼吸音右やや弱い	―	―
T（行った処置）	―	―	―
病院到着時間	10分程度		

救急隊員が自ら聴取・観察した内容：黒字
医師から聞かれて聴取・観察した内容：赤字

	例18		
年齢/性別	30歳, 男性/40代, 男性/20代, 女性 他3人		
連絡の目的	交通事故多数傷病者の収容依頼		
M(受傷機転)	4tトラックとワゴン車の正面衝突事故でワゴン車横転(高エネルギー事故), 多数傷病者		
	赤 30歳, 男性	赤 40代, 男性	黄 20代, 女性
I(損傷部位,程度)	右胸部に強い圧痛あり, 腹部・骨盤異常なし	右側頭部に大きな挫創あり, 活動性出血あり	体幹部異常なし, 下腿骨骨折
S(症状,症候)	気道開通, 意識清明, 呼吸浅く速い, 皮膚湿潤なし, 橈骨動脈が触れにくい, 呼吸音右やや弱い	気道開通, 呼吸・循環は正常, 意識レベルJCS 100	ショックなし, 意識清明
T(行った処置)	―	圧迫止血	―
病院到着時間	10分程度		

多発傷病者発生事案は
電話連絡時の最初に明示

例17は，一見，適切な情報伝達ができているようですが，実際は，多数傷病者の発生事案であったということが，傷病者1人の情報伝達後の「あと何人受け入れ可能でしょうか？」で初めて医師に伝わっています．さらに，傷病者数の確認もできていません．結局，現場全体の把握すらできていないことが判明します．先着隊の隊長（もしくは救急救命士）が全体の状況を迅速に把握し，連絡すべきです．

多数傷病者の発生事案では，最初に「多数傷病者の発生事案」であること，「傷病者が何人いるのか」，「何人受け入れてほしいのか」を整理して伝えましょう．

外傷ではJPTECに基づいて
MISTによる電話連絡を

例17，18ともに「交通事故による高エネルギー事故，ショック状態，ロード＆ゴーの適応」ということは伝わります．M（受傷機転）は，4tトラックとワゴン車の正面衝突事故でワゴン車横転，交通事故による高エネルギー事故，多数傷病者，ロード＆ゴー適応であることはわかりますが，例17は傷病者の人数が把握できておらず，初期トリアージの行われた赤1人のI（損傷部位，程度），S（症状，症候），T（行った処置）しか連絡では伝わっていません．

医師側では「あと1人の赤」の傷病者がどのような

状態かが気になります．状況次第ではそちらの搬送や受け入れを優先すべきかも知れません．その判断は，現場の救急救命士が行うか，オンライン・メディカルコントロール（オンラインMC）によって医師が判断するかのどちらかですので，全体の情報が一度に伝わらなければこれもできません．

それに比べ例18は，多数傷病者の発生事案の報告として大変によくできています．事故状況と傷病者の人数の把握や傷病者ごとのトリアージができており，I（損傷部位，程度），S（症状，症候），T（行った処置）も報告しています．

トリアージで「赤」の傷病者の情報が適切に伝えられていますので，医師は搬送や治療の優先順位の決定が行えます．的確な情報を短時間でやり取りできている結果，「黄色」のトリアージ区分の傷病者に対しても指示が行えています．

多数傷病者発生事案で
医師に伝えなければならない情報とは

多数傷病者発生事案では，通常の救急出場とは一線を画して対応することが求められます．医師が一番知りたいことは，トリアージ区分で「赤」が何人いるのか，ということです．その人数に合わせて対応も変わってきます．

ただし，この場合のトリアージ区分は，災害時とは

少し異なり，あくまでも搬送の優先順位を決めるためのものと考えるべきです．この例は車両の横転事故で高エネルギー事故であるため，原則的には（JPTECでは），傷病者全員がロード＆ゴーの適応になります．

　多数傷病者発生事案では，まず事故状況と傷病者数を伝え，トリアージをきちんと行うことが大切です．

　ただし，トリアージも含め，現場の状況を確認してから連絡していては後手に回る可能性もあります．多数傷病者の発生事案で活動中，という情報だけでも第一報をしておくことも考慮しなければなりません．

　先着隊は最後まで現場に残って状況を把握する，搬送は後着の救急隊に任せるのが理想でしょう．

　先着隊が医師と各傷病者はトリアージ区分ごとに「MIST」によって整理した的確な情報を短時間でやり取りできれば，医師は現場の傷病者に対して搬送や治療の優先順位の決定が行えます．

Column　　注意！ 実際の事案から

5. 高齢者の対応

＜高齢の傷病者の搬送時＞

救急隊員 どうしましたか？

傷病者 痛い，体中が痛い．

救急隊員 どこが特に痛いですか？

傷病者 アタマとオナカ……．

救急隊員 （主訴がわからないよ……）
わかりました……．

救急隊員 70代男性，主訴は頭痛と腹痛です．

医　師 頭痛と腹痛？ どっちがホント？
どっちもあるの？
救急隊！ちゃんと聞いたの？

高齢者の場合，主訴がはっきりしないこともあります．このような時には，きちんと病歴を聴取しているのに誤解を生む可能性がありますので，医師にはその旨をしっかりと伝えるようにしましょう．

10) 医師現場派遣要請 / ドクターヘリ要請

例19

医 師 はい，□□病院　救命救急センターです．

救急隊員 △△救急隊　救急救命士××です．

停車中の10ｔトラックにワゴン車が衝突した事故です．ワゴン車の運転手，26歳の男性，頭部および右下腿からの出血あり，意識は清明，脈拍が110，血圧にあっては救出中のために測定できず，呼吸正常，本人は右肩と右足が痛いと言ってます．受け入れいかがでしょうか？

医 師 初期評価はどうですか？ショックの有無は？胸部・腹部・骨盤の異常はありますか？

救急隊員 え～，ショック状態と思われます．

医 師 わかりました．受け入れはOKです．

救急隊員 はい，わかりました．え～，ドクターヘリ，どうでしょうか？

医 師 ヘリは今，出動中ですので対応できませんが．

救急隊員 じゃぁ，陸送で向かいます．救出までにまだ20～30分かかるとみられますので・・・．

医 師 そんなにかかるんだったら，陸路でそちらに出ましょうか？

救急隊員 （隊長，ドクターヘリは別件で出動中なんですが，医師がこっちに行ったほうがいいかと・・・）
はい，それでは現場まで出動をお願いします．

医 師 はい，すぐに出動します．

例20

医師　はい，□□病院　救命救急センターです．

救急隊員　△△救急隊　救急救命士○○です．
医師の現場派遣をお願いします．

医師　状況は？

救急隊員　停車中の10tトラックにワゴン車が衝突した事故です．ワゴン車の運転手，26歳の男性が挟まれており救出中です．

医師　はい．

救急隊員　初期評価では気道開通，呼吸は正常ですが，皮膚の冷感と湿潤がみられます．挟まれている右下腿からの出血が多く，ショック状態と思われます．意識は清明です．

医師　救出まで何分？

救急隊員　救出までにまだ20～30分かかるとみられますので，医師の現場派遣が適当と判断しました．いかがでしょうか？

医師　了解しました．体幹部の異常はありますか？

救急隊員　救出中の観察なので，正確ではありませんが，胸部・腹部・骨盤には明らかな異常はない模様です．

医師　わかりました．すぐに出動します．

例19と例20で第一報時に医師に伝わった情報を整理してみましょう.

	例19	例20
年齢/性別	26歳, 男性	26歳, 男性
連絡の目的	収容依頼？ 医師現場派遣要請？	医師現場派遣要請
M (受傷機転)	停車中の10tトラックへワゴン車が衝突した事故. 傷病者はワゴン車運転手1人, 現在救出中で20〜30分かかる見込み	停車中の10tトラックへワゴン車が衝突した事故. 傷病者はワゴン車運転手1人, 現在救出中で20〜30分かかる見込み
I (損傷部位, 程度)	頭部・右下腿からの出血あり, 右肩・右足の痛みを自覚	挟まれている右下腿からの大量出血, 胸部・腹部・骨盤には明らかな異常はない模様
S (症状, 症候)	ショック状態（疑い）, 意識清明, 脈拍110回/分, 血圧は救出中のために測定できず, 呼吸正常	気道開通, ショック状態（疑い）意識清明, 呼吸正常, 皮膚冷感・湿潤あり
T (行った処置)	―	―

救急隊員が自ら聴取・観察した内容：黒字
医師から聞かれて聴取・観察した内容：赤字

外傷ではJPTECに基づいた
MISTによる病院連絡を

　例19では，これも淀みなく情報伝達ができているようですが，実際は，初期評価や体幹部の損傷の有無などについての報告が後回しになっています．医師にショック状態の把握をしていたかも怪しいとの印象を与え，緊急度・重症度の高い事案であるとの認識も低いと思われます．これでは，ショックを認識して，ようやくドクターヘリ要請をしたと受け取られます．しかも，救出までに時間を要するにもかかわらず，医師の現場派遣の発想がありません．要請時には，ドクターヘリだけではなく陸路での現場派遣要請も念頭に置きましょう．

救出に時間を要する事案は
医師の現場派遣要請も検討

　救出に20分以上要する場合は，高エネルギー事故でロード＆ゴーの適応事案です．そのため，この事案では，救出に20〜30分かかるとみられ，かつショック状態疑いであり，早期治療を行わなければなりません．これらを医師に早く伝え，電話連絡時にドクターヘリの出動や医師の現場派遣要請を行うなど，臨機応変に依頼することが大切です．

　医師の現場派遣要請とドクターヘリ要請は，同じ範疇に入るものです．いずれも救急現場からの早期の治療開始を可能にするものであり，大切なことは最初にそれを医師に伝えることです．医師が何を使って（何

に乗って）現場へ行くかが重要なのではありません．

　要請時のオンラインでのやり取りに時間をかけていては，意味がありません．多数傷病者発生事案と同じく，現場の状況を端的に伝えて，迅速な要請を行うことが肝要です．

Column　　注意！ 実際の事案から

6. 傷病者の主訴の追加

＜外傷の傷病者の搬送時＞

救急隊員 20代の男性．外傷で頭部打撲血腫があります．搬送してもよいでしょうか？

脳外科医 至急搬送してください．

（搬送中）

傷病者 あ〜！手首も痛くなってきた!!

（病院到着後）

救急隊員 傷病者は頭部打撲で血腫があります．搬送中に手首も痛いと訴えています．

脳外科医 頭部打撲だけって言ってたじゃない！手首なんて，そんなこと聞いていないよ！今日は，整形は診られないよっ．

救急隊員 ……（そんなこと言われても……）．

こちらも，怒り出す医師のほうも問題があるとは思いますが……．

外傷の傷病者や飲酒している傷病者では，どこかに大きな損傷があると他部位の損傷の痛みを気にしないことがあります．時間が経過し落ち着いてくると，それぞれの損傷を自覚するようになります．第一報時に医療機関へ伝えた訴えに追加が生じた場合は，できるだけ早く追加情報を伝えることも大切でしょう．

11）心肺停止　1

	例21
医　師	はい，□□病院　救命救急センターです．
救急隊員	△△救急隊　救急救命士××です．
	50歳の男性ですが，この方，会社の会議中に突然の頭痛を訴えて倒れたそうで，そばにいた同僚が血圧を測ったところ上手く測れなかったということで，救急要請がありました．
	収容，いかがでしょうか？
医　師	患者の状態は？
救急隊員	救急隊現着時，意識レベルJCSで300，現在，頸動脈が触れない状態です．呼吸なしです．
医　師	それってCPA（Cardiopulmonary Arrest：心肺停止）ですか？
救急隊員	はい，CPAです．
医　師	じゃぁ，CPR（Cardiopulmonary Resuscitation：心肺蘇生法）しているのね？
救急隊員	はい，CPR実施中です．
医　師	心電図モニターは？
救急隊員	え〜，心・・・，心静止状態です．
医　師	病院到着まで何分ですか？
救急隊員	約20分です．
医　師	わかりました．CPRを継続して搬送してください．
救急隊員	はい，それとですね，特定行為を実施したいのですがいかがでしょうか？
医　師	特定行為の内容は？
救急隊員	LM4号による気道確保と静脈路確保です．
医　師	う〜ん，了解しました．時間をかけずに迅速に実施してください．

例22

医師 はい，□□病院　救命救急センターです．

救急隊員 △△救急隊　救急救命士○○です．

50歳男性のCPAです．約30分前，会議中に突然頭痛を訴えて倒れた模様です．救急隊現着時，バイスタンダーCPRが行われていました．
既往歴に高血圧があるということです．

医師 はい．

救急隊員 心電図モニター上は心静止状態，バッグバルブマスクによる換気がやや不十分なために，プロトコルに従いLM4号による気道確保と静脈路確保を実施したいと思いますが，いかがでしょうか？

医師 わかりました．LMによる気道確保，静脈路確保を実施してください．

病院到着まではどのくらいかかりますか？

救急隊員 約20分です．詳細にあっては車内収容後にセカンドコールします．

CPAの場合は電話連絡時に明示

　言うまでもなく，CPAであれば初めからそのように伝えなければなりません．よく例21のような経験をしますが，なぜCPAをCPAと言えないのか，不思議でなりません．傷病者がCPAであることを速やかに伝え，「指示，指導・助言」を求めていることが医師に伝わるようにしましょう．

　例21の場合，医師はまずクモ膜下出血による意識障害で，血圧が高いために上手く測定できなかった可能性を考えます．万が一，この情報だけで搬送されていれば，病着までの対応がまったく異なるものになります．

　このような報告内容はあり得ないように思うかも知れませんが，実際，今でも時折みられるものですので，注意しましょう．

医師が特定行為の指示を判断できる情報を

　救急救命士は研修所，養成校でのシミュレーションで，CPA事案の報告要領は徹底的に訓練されているものと思います．

　よって例22のような報告は，説明するまでもなく実施できるはずでしょう．ところが，例21のような報告しかできない場合，この救急救命士に特定行為を任せてもよいものかどうか，医師は迷います．「う～ん」という言葉にその迷いが感じられます．救急救命

士は，特定行為を実施する際には，状況を報告し，医師へ何に基づいて判断したのかを伝えることが大切です．その報告をもとに，医師は状況を推測し，指示を出します．

　例21では病態報告の稚拙さから，医師はこの救急救命士に任せて大丈夫なのかを疑い始めており，医師の信頼を失いつつあることを理解してください．

12）心肺停止　2

例23

医師　はい，□□病院　救命救急センターです．

救急隊員　△△救急隊　救急救命士××です．

さきほどの76歳男性のCPAの傷病者ですが，気管挿管実施しました．成功してます．あの・・・，薬剤，よろしいでしょうか？

医師　心電図モニターの波形は何ですか？

救急隊員　えっと，あの・・・，PEA (Pulseless Electrical Activity；無脈性電気活動) です．

医師　PEAですね．では，静脈路確保を実施して，連絡ください．

救急隊員　△△救急隊　救急救命士××です．

モニター波形に変化ありません．静脈路確保実施しました．このまま薬剤投与に移りたいと思います．輸液の速度の指示願います．

医師　CPAの原因は何かな？とりあえず1秒1滴としてください．

薬剤投与はプロトコルに従って実施して結構です．

救急隊員　はい，わかりました．プロトコルに従って実施いたします．これから準備しますので，このままの状態でお待ちください．

注：「11) 心肺停止1」とは別事案です．

救急隊員	先生，現在，心電図モニターの波形はPEAで脈拍ありません．薬剤投与実施してよろしいでしょうか？
医　師	わかりました．実施してください．

救急隊員	救急救命士××です．薬剤投与の準備，完了しました．最終確認します． (確認) 先生，心電図モニターの波形はPEAで脈拍ありません．
医　師	静脈路の漏れなどはありませんね？
救急隊員	確認します・・・．はい，ありません．
医　師	では，薬剤投与してください．
救急隊員	薬剤投与を実施しました，2分後に効果確認をします．また連絡します．

救急隊員	先生，まだ，PEA状態が継続しています．このまま車内収容して病院に向かいます．病着まで約20分ぐらいです．
医　師	了解です．プロトコルに従って，搬送中，5分ごとにアドレナリンを投与してください．その都度，コール願います．
救急隊員	はい，わかりました．よろしくお願いします．

例24

医師: はい，□□病院　救命救急センターです．

救急隊員: △△救急隊　救急救命士○○です．

さきほどの76歳男性のCPAの傷病者です．7.5のチューブにて気管挿管を行いました．門歯列より22 cmで固定，換気は良好です．

医師: はい．

救急隊員: 心電図モニターにあってはPEAが継続しており，アドレナリンの実施の適応と思います．静脈路確保を行いたいがいかがでしょうか？

医師: はい，静脈路確保を行ってください．

救急隊員: △△救急隊　救急救命士○○です．

左上肢正中に20 Gサーフロー針にて静脈路確保実施しました．滴下良好です．アナフィラキシーショックによるCPAが疑われますので，輸液速度は全開としますが，よろしいでしょうか？

医師: そうですね．そのとおりで行ってください．

注:「11) 心肺停止1」とは別事案です.

救急隊員	現在も心電図モニターの波形はPEAで,脈拍なしも確認できます. 先生,薬剤投与を実施してよろしいでしょうか？
医　師	わかりました．実施してください．
救急隊員	先生，11時24分，アドレナリン1 mgを投与しました．CPR継続し，2分後に再度連絡します．
救急隊員	救急救命士○○です．2分間のCPR後の確認では，依然PEA状態が継続しています．このまま車内収容して病院に向かいます． 病着まで約20分ぐらいです．
医　師	了解です．プロトコルに従って，搬送中，5分ごとにアドレナリンを投与してください．その都度，コール願います．
救急隊員	はい,わかりました．よろしくお願いします．

具体的な指示を得られるような電話連絡を

　気管挿管，薬剤投与の実施は，オンラインMC下で行うことが絶対条件です．例23の「薬剤，よろしいでしょうか？」は，あまりに簡略化し過ぎで，適切な指示の受け方とは思えません．「アドレナリン1mgの投与の実施」と具体的に指示を求めるべきです．

特定行為は時間をかけずにスムーズに

　気管挿管，薬剤投与にあっても，研修所，消防学校，養成所などで，厳しいシミュレーション訓練が行われているはずです．

　輸液速度の指示については，医師の具体的指示に従うことになっていますが，救急救命士がCPAの原因により考えることも大切です．医師任せの指示受けにならないよう，例24のように自分でも考えてみましょう．

　例23をみてみましょう．静脈路確保はアドレナリンの投与を目的として行っているのですから，医師の輸液速度の指示を受けてから薬剤の準備を始めていては遅いと思われます．

　アドレナリン投与までに時間をかけ過ぎていることがわかります．プロトコルには則っているのですが，オンラインMCを受けるタイミングが悪いために時間がかかってしまっていると推測されます．例24と比較してみてください．

例24は，医師からの受け身一辺倒の指示受けではないところが評価できます．医師からの信頼も深まることでしょう．

プロトコルを遵守し，このようにタイミングよくオンラインMCを受ければ，時間をかけずに特定行為を進めることができます．

皆さんは薬剤投与のプロトコルについてしっかり勉強されているはずですので，次に行わなければならない処置を踏まえて，1分1秒でも無駄にしないために，先々を考えて行動していくことが大切です．

謹 告

本書に掲載されたケーススタディなどの情報聴取・伝達は，各医療従事者の責任のもと個々の傷病者に適した方法で行われるべきであり，結果，その内容に基づく不測の事故が生じた場合に対して，著者ならびに出版社はその責を負いかねますのでご了承ください．

救急活動コミュニケーションスキル
何を聞く？何を伝える？

2009年6月11日　第1版第1刷発行
2021年9月25日　　　　第10刷発行

著　者　坂本 哲也　畑中 哲生　松本 尚

発行者　白石 和浩

発行所　株式会社メディカルサイエンス社
　　　　〒151-0063　東京都渋谷区富ヶ谷2丁目21-15
　　　　松濤第一ビル3階
　　　　Tel.03-5790-9831／Fax.03-5790-9645
　　　　http://medcs.jp/

イラスト　内山 洋見
表紙・DTPデザイン　飯岡 恵美子

印刷・製本　瞬報社写真印刷株式会社

乱丁・落丁本は，送料小社負担にてお取り替え致します．
本書の内容の一部または全部を無断で複写・複製・転載することを禁じます．
©Tetsuya Sakamoto, Tetsuo Hatanaka, Hisashi Matsumoto 2009　Printed in Japan
ISBN978-4-903843-06-3　C3047